間違いだらけの「ド文系」経済政策

「経済オンチ」が日本を破壊する!

髙橋洋一
Yoichi Takahashi

清談社
Publico

「経済オンチ」が日本を破壊する！

間違いだらけの「ド文系」経済政策

髙橋洋一

清談社
Publico

はじめに
なぜ、「経済オンチ」に政策が右往左往させられるのか？

2021年10月4日に誕生した岸田文雄《きしだふみお》総理大臣は、その所信表明において、「新しい資本主義の実現を目指す」と語りました。

しかし、私にはこの意味がよくわかりません。「成長と分配の好循環」というのですが、どれくらいの成長を達成し、そこからどれくらいを分配するのか、明確な数値目標も、具体的な手段も示されなかったからです。

総選挙以前の段階では、「所得倍増」や「分配」が選挙対策のサービストークの可能性もあるだけに、なんとも言いがたいところはありますが、いろいろな発言を見るかぎりにおいては、「岸田総理は経済のことがわかっていないんじゃないか」と感じられる部分が多々あったのはたしかです。もっとも、選挙戦のなかで、岸田総理は分配政策に言及しなくなりました。

岸田総理の例にかぎらず、いまの日本においては、データやエビデンスが示されない言説がまかり通っています。政治家にはまだ勉強している人もいるのですが、マスコミとなると惨憺《さんたん》たるもの。記者もコメンテーターなる人間も、官僚の言うことをそのまま垂れ流すか、なんとなくの感覚で記事を書いたり、しゃべったりしているだけです。

2018年、自民党の杉田水脈《すぎたみお》衆議院議員が雑誌『新潮45《しんちょう》』に「LGBTには生産性がない」との旨の寄稿をして結局、雑誌が休刊になるほどの大きな問題になりました。

これを批判する人は、「LGBT差別を助長する重大な人権問題だ」と言います。擁護する人は、「成長戦略として税金をどこに優先して使うかの話で、差別とは別の話だ」と言います。

しかし、私はどちらの意見にも与《くみ》する気にはなれません。そもそも、杉田議員が言った「生産性」の定義が明らかにされていないからです。

「生産性がない」というのが、LGBTカップルのあいだに子どもが生まれないことを指しているのか、LGBT対策に予算を回しても経済成長につながらないという意味なのか。

批判をするなら、LGBTを支援することが、どれくらい国家に利益をもたらすのかを数値で示せばいい。批判に反論するなら、LGBT対策にかかるであろう予算を、たとえば子育て支援に回せばどれくらいの成長が見込めるかを、やはりデータで示せばいい。私にすれば、至極当然の議論だと思うのですが、そうしたことを、政治家もメディアも、いっさいやろうとはしません。ただただ感情的に、良いか悪いかを決めつけようとするばかりです。

ローレンス・サマーズというアメリカの経済学者はビル・クリントン政権で財務長官まで務め、ハーバード大学の学長にもなりました。その学長時代の2006年に、彼はある会議で

「数学や科学の分野で女性研究者が少ないのは、男性と女性のあいだに固有に存在する遺伝子の違いによるものではないか」と発言しました。日本よりポリティカル・コレクトネス意識が強いアメリカでは当然、「女性差別だ」「セクハラだ」と批判を受けることになりました。これに対して、サマーズは統計学や生物学のデータを示して反論しましたが、結局、学長を辞任しています。これをもって「日本もアメリカも、似たようなものだ」と思うかもしれませんが、少なくともサマーズの場合は、学術的な論争を試みようという姿勢がありました。

アメリカの場合は、スポーツでも各種データで評価することが一般的になっています。一方、日本はというと、「大谷《おおたに》翔平《しょうへい》選手がホームランを打った。すごい！」でおしまいです。

スポーツなどの娯楽はそれでもいいのですが、政治や経済がそんなふうでは困ってしまいます。しかし、日本のメディアの人間も、識者と言われるような人々も、そのほとんどがデータを提示することもなければ、学術論文を読み解く能力もないままに、ただ感情論で批判したり、擁護したりを繰り返しています。先の杉田議員の「生産性」発言を批判するのであれば、「経済成長と少子高齢化に関連はない」とのデータを持ってきて、「出産数の増加が経済成長につながるとの考えは間違っています」と言えばそれでおしまいなのですが、メディアなどは杉田議員の人格や思想を罵るばかりでした。

「生産性」と言えば、２００７年に当時の柳澤《やなぎさわ》伯夫《はくお》厚生労働大臣が集会の場で、少子化について、女性を「産む機械」と表現したことが批判され、それに対して与党側が当時の民主党の菅《かん》直人《なおと》代表代行も選挙応援演説で「子どもを産むという生産性」という表現をしていたと反論し、「特大ブーメラン」と話題になったことがありました。これも先のデータで検証できた話です。杉田議員も発言の正当性を訴えたいなら、サマーズのようにデータを示せばよかったのですが、そうした態度は見られませんでした。

感情だけの議論などは、時代時代によっても答えが異なる、それこそなんの生産性もないものなのに、いまの日本のテレビや新聞などメディアの場においては、そんなことばかりが繰り返されています。メディアの人間の大半が文系出身者で、理系のようにデータやエビデンスを重視する論理的思考ができないことが大きな要因なのでしょう。

そして、そんなメディアが垂れ流す感情論によって政治家が右往左往させられるようなケースが近年は多々見受けられます。データに従えば簡単に解決策が見つかるようなことが、メディアの論調に歪《ゆが》められてしまう。感情論によってつくられた「民意」なるものが実際の政治の場にも影響するとなれば、これは由々しきことです。

そのような状況を少しでも是正するためには、まず国民の一人ひとりが、感情論に流されることなく、正しいデータや知識にもとづいた世論を形成していくことが大切になるでしょう。

本書がそのための一助になれば幸いです。

目次

「経済オンチ」が日本を破壊する！
間違いだらけの「ド文系」経済政策

第1章 「経済オンチ」が気づかない「あたりまえ」の真実
――なぜ、「ファクト」より「イメージ」が優先されるのか？

第2章 「経済オンチ」の「おかしな理屈」に騙されるな！

――経済学的にありえない論説が称賛される理由

第3章 「経済オンチ」が誤解している経済用語の本当の意味［前編］

——経済学的に正しい「経済政策」キーワードの読み方

第4章 「経済オンチ」が誤解している経済用語の本当の意味［後編］
——経済学的に正しい「国民経済」キーワードの読み方

第5章

「経済オンチ」が犯した「ド文系政策」の大罪
――経済学的にありえない「レッテル貼り」が日本を滅ぼす

第6章

「経済オンチ」国家・日本が世界で生き残る方法

——経済学的に読み解く「困った隣人」とのつきあい方

第1章

「経済オンチ」が気づかない「あたりまえ」の真実

――なぜ、「ファクト」より「イメージ」が優先されるのか？

コロナ禍で「さざ波」発言が炎上した理由

「日本はこの程度の『さざ波』。これで五輪中止とかいうと笑笑」

「日本の緊急事態宣言といっても、欧米から見れば、戒厳令でもなく『屁《へ》みたいな』ものでないのかな。」


2021年5月、私のこの二つのツイートは大きな批判を受けることになりました。

まず、このような表現をしたことについては、家族からも「お父さん下品です」と言われ、これはもう、素直に反省しています。いろいろと迷惑をかけた方々にお詫《わ》びを申し上げたいと思います。


下品な表現を使ってしまった裏側には、新型コロナウイルス対策において日本だけが世界と異なっていることを強調したい意図がありました。

しかし、そんな私の本心とはかけ離れたところで、「さざ波」「屁みたいな」といった表現だけに批判が集まってしまいました。マスコミをはじめとする批判者たちにとって重要なのは、うわべの表現であり、中身はいっさい関係ないのでしょう。

私の「屁みたいな」のツイートを報じるマスコミのなかで、同時に示していたStringency

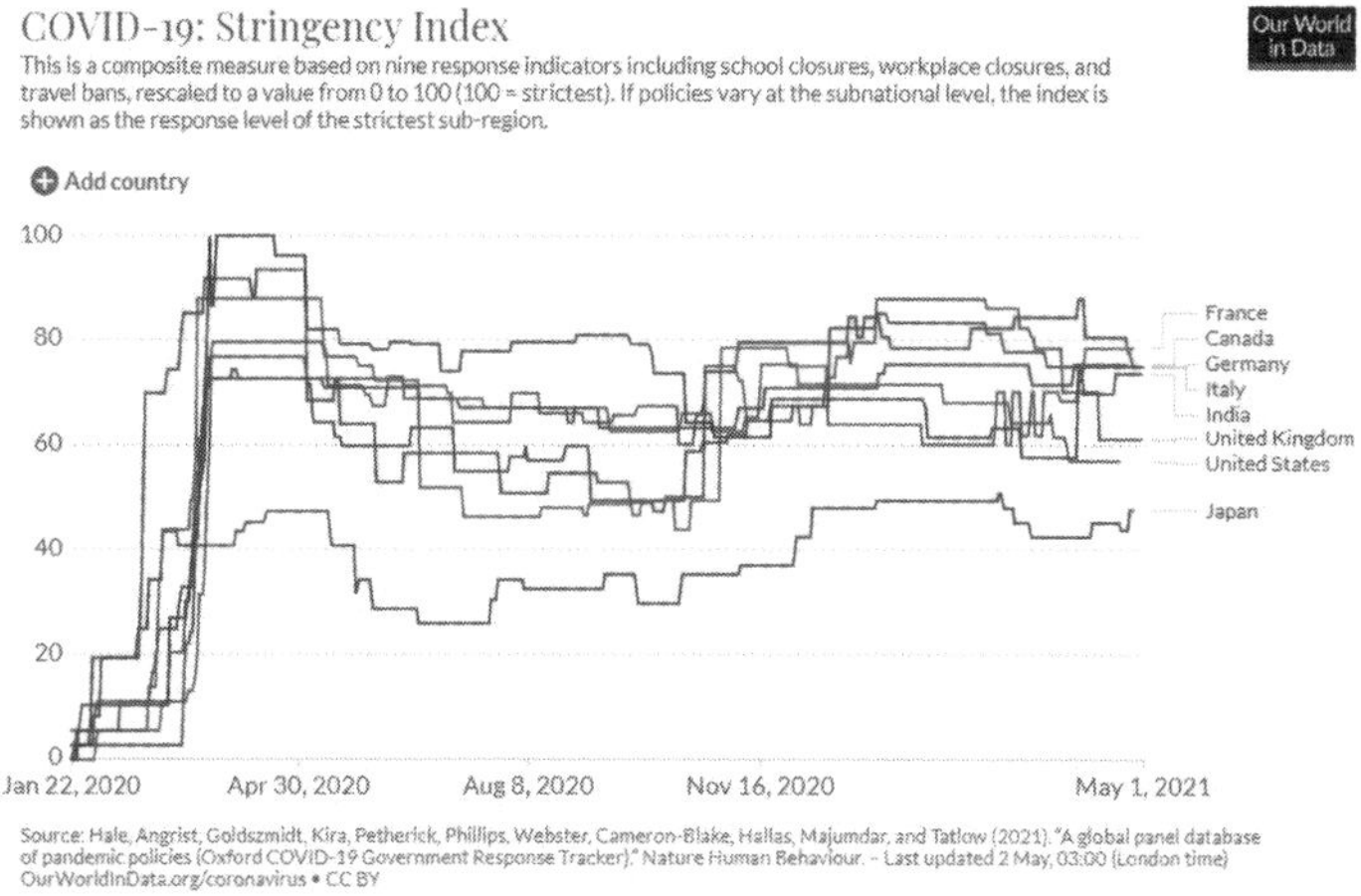

（資料）https://ourworldindata.org/covid-government-stringency-index

Indexのグラフ（上図）を取り上げたところはほとんどありません。しかし、グラフを見れば明らかなように、世界の先進国に比べて、日本だけが規制できていなかったことは事実です。

　Stringency Indexのグラフを見れば、ほかの先進国が最大の規制をしたときで100％近く、ややゆるめられたときでも60％前後の行動制限を課していたのに対して、日本は最大でも50％程度でしかありません。ほぼ100％の行動規制をしてきた国から見て、50％程度の制限もしていない日本の緊急事態宣言が、まったくお話にならないものであることは間違いありません。

　そして、海外先進国のように厳格な規制ができないから、日本ではいつまでも長々と半端な規制を続けることになってしまったのです。

なぜ、日本で１００％の規制ができないかと言えば、それは平常時に憲法を改正していないため、先進国では、ほぼ日本だけが、憲法のなかに非常事態要項がない国だからです。非常事態要項がないから、１００％に近い厳しい行動規制ができません。

さらに言うと、日本は憲法との兼ね合いから「非常事態宣言」とは言えないために、「緊急事態」とごまかしているのです。マスコミだけでなく、役所も「緊急事態」という言葉を使っていますが、そのように言えば、何か規制しているように思うのでしょう。しかし、世界基準とはまったく違っている。そのことを先のツイートでは伝えたかったのです。

「緊急事態宣言」に効果がないのは憲法が不十分だから

憲法に「非常事態要項」がないことの不具合については、コロナ禍以前から言っていたことでもあります。

日本には憲法による非常事態条項がないから、非常時に規制ができません。仮に、どこかの国が日本に攻め込んできて戦争になったとしても、政府は国民の私権を制限することができないのです。しかし、世界を見れば、自由を謳《うた》う民主的な国でも、異常に厳しい状況になれば、ほぼ100%に近い私権制限ができるのが常識です。

それができない日本の緊急事態宣言は、本質的に大したことがなく、日本が憲法論議をサボっていたせいで、しっかりした有事対応ができなかったことをグラフで示し、このことを「屁でもない」と言ってしまったわけです。

しかし、マスコミは絶対に憲法改正を含んだ内容の部分には触れません。とにかく表現のことしか言わない。だから、私としても、内容の話をしたくても、できないのです。内容の議論にもならず、表現のことだけでいろいろとご迷惑をおかけして、たしかに表現は下品でしたから、そこは謝って、内閣官房参与を辞めることにしました。

辞任については、誰かから辞めさせられたわけではなく、自分で判断して決めたことです。内閣官房参与は翌々日までの会議への参加などのスケジュールについて官邸に連絡しなければならないのですが、まずこれをすべて欠席すると伝えました。

あとは、お世話になってきた人たちにも事前に辞任の意向を伝えました。もちろん、そのなかには当時の菅義偉《すがよしひで》総理もいました。菅さんにも一方的に「辞めます」と言って、それでおしまい。とくに引きとめられることはありませんでした。

参与辞任に際し、心残りのようなものは、いっさいありません。参与だから、「さざ波」「屁でもない」といった表現がけしからんと言われる。そうやって表現に規制をかけなければいけないのなら、参与を辞任し、言論人としての活動に力を入れたほうがいい。

ツイートの内容ではなく、表現のことでごちゃごちゃ言われることもさることながら、私が政治家でもないのに政治問題化したことも本意ではありません。国会で「髙橋を呼ぶか呼ばないか」などとくだらない議論になっているのは、自分でまいた種とはいえ、とても見ていられませんでした。

そうであれば、参与を辞めることで、政治問題化しているバカげた状況が収まるのならそれでいい。辞めたことにはなんの未練もなく、スッキリ爽やかな気持ちでいます。

参与辞任にあたって、役所の場合は手続きがいろいろあって、まず辞表を出さなければいけないのですが、問題となったときにちょっと東京を離れていましたので、どうしたらいいかと事務の方に尋ねたら、「メールしてください」と言うから、メールで辞任を決意した日の午後に「辞めます」と書いて送りました。

同じ日の午前中にはツイッターで「発言を取り消す」とつぶやきました。ただし、取り消すといっても、「表現が悪かった」というだけで、中身はまったく変えていません。

「不適切表現を次に改めます。各位にお詫びします。」としたあとで、「日本の緊急事態宣言といっても、欧米から見れば、戒厳令でもなく行動制限は弱い。」と問題となったツイートの表現だけを変えて投稿しました。

日本には経済学的な「表現の自由」はないのか

そもそも、このようなツイートをしたことの発端は、ＩＯＣ（国際オリンピック委員会）のジョン・コーツ調整委員長が「緊急事態宣言下でも東京オリンピックを開催する」と発言したことにありました。これに対して、日本国内では「無責任だ」「日本の安全軽視だ」などの声が上がりました。しかし、ＩＯＣから見れば、日本の緊急事態宣言は非常に行動制限がゆるく、海外に比べれば本当に緊急事態宣言なのかどうかわからないくらい弱いものです。だから、本当にこのツイートで言いたかったことは、その前後にも書いていたのですが、「どうして日本は弱い緊急事態宣言しかできないのか」というところだったのです。

「屁でもない」は、「さしたることもない」という意味で使いましたが、下品と言われれば、そのとおり。「さざ波」は、よくテレビやインターネット番組でご一緒する元厚生労働省医系技官の木村盛世《きむらもりよ》さんの言葉を借りたものでしたが、被害状況を「さざ波」と表現したことが新型コロナウイルスで亡くなった方を軽視していると言われれば、たしかにそう受け取る人もいるのでしょう。ただし、私としてはそうした意図はまったくありません。

そうした表現については重ねて反省していますが、内容については違います。私が取り上げたデータは実際に公表されている事実ですから、取り下げるも何もありません。

それにしても、普段は「表現の自由」を言うマスコミも、私には言ってくれませんね。それどころか、「表現がけしからん」の一点張りです。

表現の良し悪しは私にとって主題ではないので、そこで迷惑をかけたのであれば、いくらでも謝《あ》りますが、結局、「髙橋はけしからん」「それを任命した菅義偉総理もけしからん」と言いたいだけなのでしょう。そんなことを言っていると、今度はまた「髙橋は反省していない」と切り取られそうですが……。

「日本は私権制限ができないから自由でいい国なのだ」と内容に対する反発があってもいいと思うのですが、そうした意見はいっさいありません。憲法改正の件に触れないのは、無知なのか、イデオロギーによるものなのか、それとも両方なのか。いずれにせよ、内容について語れないマスコミは、もう終わっているのだろうと思います。

マスコミ連中は、私がツイッターで示したStringency Indexを読んですらいないのでしょう。Stringency Indexとは、各国における学校閉鎖や職場閉鎖、公共イベントの中止、公共交通機関の停止、外出や移動の規制、国家間の往来の規制などの規制項目を照らし合わせて加重平均したものです。その数字で見たときに、各項目それぞれでいちばん重い規制から規制なしの状態まで100から0までの点数をつけて、ほかの先進国はみんな非常な緊急時にはフルの10

0になっていました。しかし、日本は最大でも半分の50にも達していませんでした。日本においては、それくらいゆるい規制しかできません。それで有事に対応できなくてもよろしいのですか、と私は言っているのです。

しかし、そうした内容にはいっさい触れずに「髙橋は下品だ」としか言わない。どこかおかしくないですか？　マスコミも、こんなことをやっていれば早晩、みんなから飽きられることになるでしょう。表現の規制とは、つまり言葉狩りです。

参与は辞めましたが、言論活動はもちろんやめるわけがありません。政府の肩書がなければ、それこそ表現の自由で何をしゃべってもいいでしょう。あまりにも下品な表現をするつもりはありませんが、問題提起として、いろいろな表現を使うこともあるかもしれません。

日本の憲法は世界に比べて本当にひどいものですから、問題提起として、ちょっと挑発気味に言ったことはたしかです。それを下品と言われたことは反省しますが、言論活動をやめる気持ちは、いっさいありません。

絶対に「イメージ」で考えてはいけないコロナ対策

本来、新型コロナウイルスの話などは、雰囲気でやってはいけないのです。

たとえば、ワクチンについての話をするときに、文系の人は「こんな事例があった」「こんな人がいた」などと、個人の感情や、ごくわずかな身近な例を〝エピソード〟として話します。一方、理系の人は、「データではこうなっている」と〝エビデンス〟を話します。

メディアの人たちは、「科学的根拠よりストーリーや情に訴えかけるもののほうが一般に伝わりやすい」などと言うのですが、それは自分がそうだからと言うだけのこと。自分が科学的データを読み解くことができないから、一般の人々もわからないだろうと決めつける。エビデンスをきちんと理解できないから、うまく伝えることができず、安易にエピソードに頼っているのです。

もし本当にエビデンスを把握して統計的な理解をしていれば、そこから外れるような「情に訴える言説」を流そうと考えるわけがありません。

「何かしらの治療薬に効果がある」などと言っても、その根拠を尋ねると、まったくない。そして、そういう人にかぎって、エピソードばかりを話します。エピソードとは、つまり具体例のことで、具体例でわかりやすく話そうとするのですが、いくつか例を挙げたところで、統計的な意味はなしません。

統計的エビデンスの有為性を示す「P値」という言葉がありますが、おそらくいまの日本のメディアの人たちに「ピーチ」と聞いても、ほとんどが「桃」のことを思い浮かべるでしょう。

ある治療薬に効果があるかどうかは、P値で判断すればすぐにわかります。逆に言うと、いくらエピソードを並べられても、P値が示されなければ判断しようがありません。しかし、メディアの人たちには、そのような発想が最初からありません。

私などは、エピソードをいくら聞かされても、「ああ、そう」でおしまいです。そして、エビデンスがないことについての意見は言いません。

もちろん、私も外でしゃべったり、ものを書いたりするときにエピソードを加えることはありますが、その背景には必ずエビデンスがあります。エビデンス抜きのエピソードなど、いくら並べても意味がないからです。

しかし、テレビなどでは個別の事例ばかりを並べて、では、全体的にどうなのかについては何も示そうとしません。

統計には全体的な傾向とはズレる「外れ値」もありますが、マスコミの人は「そのほうがおもしろい」と言って外れ値ばかりを取り上げます。

たとえば、ワクチン接種後の死亡率と、接種しない場合の死亡率に大きな違いがなければ、ワクチンの副反応による死亡率の上昇はない——つまり、ワクチン接種と死亡率の因果関係は見られないとなるわけですが、マスコミの人たちは死亡例を持ってきたほうがエピソードとしておもしろいからと、そこを強調して報道し、「ワクチンの危険性」を煽《あお》るのです。

そうして自分なりのストーリーに結びつくような外れ値を持ってきて、いかにも「これが正しい」というような顔をします。しかし、このようなストーリーテリングは科学的にまったく意味がありません。

マスコミだけでなく、政治家にもこの手の人が見られます。そして、新型コロナウイルスに関しては、そんなエビデンスにもとづかないストーリーが政策に反映されるケースがしばしば見受けられました。

65歳未満のコロナ死者数は交通事故より少ない

私が日本における新型コロナウイルスの感染状況を「さざ波」と言ったのは2021年5月時点の話です。ところが、そのあとに感染が拡大すると、「高橋の言うことは外れたじゃないか」などと言ってくる人がいました。「いつ、どこで」といった基本的なところをあやふやにするのが、このような人たちによく見られる特徴です。

ちなみに、私はそのあとにオリンピック開催前までの予測値を出していますが、これは当たっていました。しかし、私を批判する人たちは、そういう自分の理屈に都合の悪いところは見ようとしません。

そもそも、「さざ波発言」のときにデータや数値で批判してくる人は、いっさいいませんでした。

私は「さざ波」と言うときにその言葉の定義をしているし、「海外と比べたときに」と座標軸を持って話します。「コロナが怖い」と言うときも、そのリスクを示したうえで表現します。みなさんがわかりやすいリスクとして「交通死亡事故の発生確率」を比較対象に挙げて、そうして新型コロナウイルスでの死亡確率と比べるといった具合です。

すると、ワクチン接種が始まる以前のデータでは、「65歳以上では新型コロナウイルスで亡くなる人のほうが交通事故で亡くなる人より多い」ことが数字上で明らかでした。そこから、「65歳以上の人たちにとって、新型コロナウイルスは〝怖い〟病気なので、優先してワクチン接種をすべきである」「65歳未満の人のリスクは交通事故以下なので、ワクチン接種をとくに急ぐ必要はない」との結論が導かれるわけです。

新型コロナウイルス以外のことについても、必ず比較対象を用意して、一定の座標軸を持ち、さらに数値化して発言するようにしています。

しかし、ストーリーテリングの人たちにはそのような発想がなく、ほかのことと比較して話すこともなく、ただたんに「怖い」とばかり言うだけです。「怖い、怖くない」はただの感情であって、それだけではまともな議論などできません。

彼らの議論は数値化ができない「定性的」なものなのです。数値化できる「定量的」議論をするためには、いつ、どこで、何と比較してといったことを、すべて明らかにしなければいけません。現在、日本のメディアや一部の政治家たちは、定量的議論をするために必要となる1次資料に当たるなどの作業をすべて取っ払って、それぞれが自分勝手なストーリーを話しているだけなのです。

「リスク」は数学でしか導き出せない

メディアでは「リスク」という言葉を平気で使っていますが、本来、リスクとは確率にもとづいて計算可能なものを言います。

リスクが高いか低いかは、現在と過去の比較や、現状におけるほかの事象との比較でしか示すことはできません。それなのに、メディアに出てくるような人たちは、座標軸がないまま個人の感想だけで話します。しかし、本当の意味での「リスク」とは定量的に数値化できるものを言うのです。

文系の人たちが「論破」などと言いながら議論をしたがるのも、答えの出ないようなところで、それぞれの考えを言い合っているからなのでしょう。定義をはっきりさせることがない議論など時間のムダだとしか思えません。

理系の人たちには、そのような議論はありません。数値的、統計的に予測して、より予測が正しかった人が勝つだけの話だからです。

私がこのようなことを言うと、「世の中、それだけじゃないでしょう」と反論してくる人もいます。たしかに、それはそのとおりで、数値化できない不確実な「Uncertainty」もあります。Uncertaintyは計算できませんから、そこは定量的に計れるものと明確に区別しなければなりません。

ところが、文系の人は、そのUncertaintyとリスクをごっちゃにして、まるで予測できることのように話すのです。そして、リスクとUncertaintyの区別ができない人は自分の限界も知らないから、そんな人にかぎって、とんでもないことを言い始めるのだから困ったものです。

「エビデンス」がない「専門家」のコロナ対応

どんな政策もエビデンスがどれくらいあるかに依存すべきですが、新型コロナウイルス対策については、それが何も見えてきませんでした。

「感染拡大の原因だ」と批判されたＧｏＴｏトラベルにしても、これをやめたあとも感染拡大が続いたのだから、「感染拡大とは関係ない」との答えしかありません。しかし、それも根拠不明なままやめてしまいました。

そもそも、ＧｏＴｏトラベルについては、これに関連する数字を事前に見るだけで感染拡大にほとんど影響しないことがわかります。ＧｏＴｏトラベルで移動する人は日本人の１％にも満たないわけで、その程度のことが全体に大きな影響をもたらすことはありません。

飲食店で感染が広がったと言われることについても、そのようなエビデンスはなかなか出てきません。実際に感染経路を調べてみれば、そのほとんどが家庭内感染です。

飲食店が感染拡大の原因と考えるのであれば、ちゃんと追跡調査をすればいいのですが、それもあやふやなままです。

私などからすると、緊急事態宣言などと言われても、これを否定すべきかどうかの判断もできないくらいに「理解できないことをしている」としか思えません。「3密を避ける」までは、ある程度の根拠もあるのでわかります。しかし、人流の抑制となると、正直なところはわかりません。

オリンピック・パラリンピックのときにも、「人流の増加で感染が拡大する」などと言っていた人はいましたが、人流を調べてみると、オリンピック期間には下がっていました。しかし、感染は広がったのだから、人流と感染拡大の関係は「ない」、もしくは「わからない」としか言いようがありません。

海外の状況に目をやると、日本の感染拡大は、ほかの国と連動していました。ほかの国はオリンピックをやっていないのですから、そうして見ると、「オリンピックと感染拡大には関係が見られない」というのが答えになります。そう言うと、今度は「オリンピックで気がゆるんだ」と言うのですが、そんなものは証明しようがありません。

それなのに、世論調査では「オリンピックが感染拡大に影響した」との意見が過半数と言います。これこそがエビデンスベースではなくエピソードの話ばかりをするメディアの悪影響の表れです。データを見れば、海外からの人たちも含め、オリンピック関係者の感染率も一般の感染率も大差がないわけで、オリンピック開催と日本の感染拡大に関係がないことはすぐにわかるのですが、メディアはそのような数値を示すことなく、たんにオリンピックと同時期に感染が拡大したという雰囲気だけで「オリンピックが悪い」と言うのです。

日本でオリンピック開催中に感染者数が増えたのは事実ですが、オリンピックを開催していない外国でも同じように感染者は増えています。この話だけでも、オリンピック開催は関係ないことを示唆しています。

新型コロナウイルスに関しては、このように根拠のない言説と、それに引きずられたかのような政策が多すぎました。

だから、私は以前から「緊急事態宣言とは〝気合い〟だ」と言ってきました。効果がよくわからないし、実際に効果があるようにも思えないことを精神論でやっているだけにしか見えないからです。

はっきりしているのは、「緊急事態宣言下での行動自粛によって経済活動がダウンする」「感染率が上がれば内閣の支持率が下がる」との因果関係だけで、これは世界的にも明確なデータがあります。

文系の政治家やマスコミが数字で語れないのなら、そこのところを、尾身茂《おみしげる》会長をはじめとする「新型コロナウイルス感染症対策分科会」の科学的知識のある専門家たちがフォローすべきなのですが、それもできていませんでした。これは尾身会長の背景に医師会の利権があるのだと考えれば、いちばんスッキリしそうです。

最初に「42万人死亡する」との数字をぶち上げたのは、「新型コロナウイルスに対応したくない」という医師会の要望を反映したものだと考えられるのです。

42万人も死ぬときには2000万人以上の感染者が出ていることになり、そうなると、救急も医療もまったく対応ができません。だから、感染拡大を避けるためには自宅待機などで人流を止めて感染抑制をしなければならない――そんなロジックが、「42万人死亡説」の裏側にあったのではないでしょうか。

数字が出そろっていない初期の段階では、これもしかたのないところはあります。感染抑制のためには、飲食店にかぎらず、あらゆる業種の営業規制をするしかないのは、それ以外の社会状況を考慮しなければ正しいことではあるからです。

使われなかった100兆円のコロナ対策予算

新型コロナウイルスに関しては、安倍晋三《あべしんぞう》政権のころから政策にかかわっていて、予算は1次補正から3次補正まで100兆円というものすごい額を、ほぼ無尽蔵に出していました。

民間では対応が難しいことはわかるので、公立病院でやったらどうかとずっと言ってきたのですが、なかなか公立病院も病床拡大など新型コロナウイルス対策に人的コストをかけることには踏み切れない。2020年4~5月ごろには医療強化のために1・5兆円を積んだのですが、それが使い切れない状況でした。ほかにも予備費10兆円もあります。

私としては、予算をつけるときに、感染拡大初期の中国で武漢《ぶかん》にプレハブの専用病床ができましたが、ああいうものをつくることをイメージしていました。実際にいろいろな国にああいったものがあるのに、日本にはほとんどありませんでした。それがいまだにできないのが不思議でなりません。

その後、夏になって、いったんコロナ禍が落ち着くと、そこで政権側も気がゆるんだのでしょう。病床拡大などと言わなくなりました。そうしてまた、感染拡大が始まると同じことを繰り返しているのです。

新型コロナウイルスの従事者にも、ものすごくインセンティブをつけているのですが、じつは、政府は地方の実態まではわかりません。これは正直言ってどうしようもないことです。だから、県知事に交付金というかたちにして、自由に地方の権限で使えるようにして、普段の地方交付税は総額15兆円くらいなのですが、新型コロナウイルスに関しては、これに5兆円くらい積み増しししています。だから、地方の新型コロナウイルス対策費は、ものすごく潤沢だったはずなのです。

このように、休業補償を知事がやるときの手当もすべて予算としてつけていて、先進国との比較でトップレベルの補償はしていたのです。財源があるのだから、新型コロナウイルスに従事する医師や看護師の給与を2倍や3倍にすることも、やろうと思えばできるはずなのです。予算上では、かなり早い段階からそれが可能になっていました。福島の原発処理のときのような、大手企業が下請けに回す際の中抜き構造も医療に関してはありませんから、やはりそこは県知事の判断なのです。

そのときに、「政府は、もうちょっと強制的にできないのか」と言われるのですが、そこまでは日本は憲法上の問題から、基本的にできないのです。

だから、やってもらうためには札束しかない。表現は悪いのですが、事実としてそうだろうということで予算をつけたのですが、まったく使われませんでした。そのため、途中で予備費が余りすぎて、3次補正をするときには「予備費をちゃんと使え」という政府の方針を立てたくらいです。

しかし、それでも、ほとんど予算は使われませんでした。病床増加のための予算をつけても患者を受け入れようとはしません。憲法上の理由から行動制限はできない、補助金の予算も使わないというのであれば、まともな対策ができるはずがありません。

当時の菅義偉総理が「予算を使え」と言ったところで、サボタージュされてしまえば、それでおしまいです。現場から「頑張ってやっています」と言われると、それ以上のことはできません。

マスコミは、このような予算を使わなかったことを指摘すればいいと思うのですが、それもありません。いったい何をやっているのでしょうか。

できない行動制限ばかりを言う尾身会長と分科会は本当に理解ができません。

もともと、分科会などといっても、20人の委員がいて、それぞれが1～2分程度の話をしたところで、何が決まるわけでもありません。いろいろな意見が出ても、最後は厚労省扱いにするだけです。会合自体に意味がなく、厚労省が医師会を尊重した施策をするうえでのアリバイづくりでしかありません。

厚労省が国民ではなく医師会のほうばかりを向いているから、最初に42万人などという数字を出して、「救急対応しない」との医師会の意向を酌んだところからスタートしたというのが、日本の新型コロナウイルス対策の実情です。

医療の供給側には手をつけられたくない、新型コロナウイルス対策に手を取られたくない。そんな医師会の主張ばかりが受け入れられたから、いつまでたっても病床拡大など医師会に負担になるような対策がなされることはなく、行動制限の話しか出てこなかったのです。

「参与」が自分の意見を通すことはありえない

私への批判のなかには、私の参与としての意見が菅義偉内閣に影響を与えているかのように勘違いした論調が多く見られました。

しかし、私は自分から内閣に対して意見を言うことはありません。自分の意見を総理に届けようと考える人は参与とかブレーンになってはいけないと考えます。

たしかに、参与の肩書をもらった途端に訓を垂れたがる人が多いのは事実です。マスコミの人にも知識人にもそういう人はいます。

しかし、政治家からすると、政治家側が聞いてもいないのに自分の意見ばかり言うような人間は必要としていません。そうではなく、自分がわからないことがあるときに、それについてだけ答えてくれればいいというのが政治家の考え方なのです。

そして、私はずっとそのスタンスでいました。菅さんだけでなく、歴代総理に対してもこれは同じです。「この件について教えてください」と質問されれば、必ずそれには答えます。しかし、自分から「こういう意見だ」「このような政策にすべきだ」などとは言わない主義なのです。

だから、これからも、もし総理から電話があって意見を求められれば、それは答えますが、自分から直接働きかけて意見を言うことは、いままでもなかったし、これからもないでしょう。

その意味では、参与を辞めたあともまったく変わったところはありません。教授を務めている嘉悦《かえつ》大学での立場も変わっていません。大学は兼職したときに届ける制度になっているので、「兼職を辞めました」と届けて終わりです。

参与というと、すごいポストのように思われますが、正式には非常勤公務員で、アルバイトと同じです。私の場合はアルバイトどころか、金銭ももらっていない、いわば無給ボランティアだったのです。

正確には忘れてしまいましたが、規定上、1回内閣府に行くと、滞在時間にかかわらず2万5000円くらいの日当がもらえることは知っていますが、それは辞退していました。日当どころか交通費も辞退していて、内閣府には行きも帰りも自腹で電車かタクシーを使っていて、公用車もいっさい利用していません。使ってもいいとは言われていましたが、使いませんでした。

私がそのように言うと、どうにか粗《あら》を探そうとして、今度は「備品は使っているだろう」と言われるのですが、パソコンなども、いっさい使いませんでした。「では、部屋は使っているだろう」と言ってきて、たしかに参与には個室を与えてくれるのですが、私はそれも「いりません」と言って、何人かまとまって会議の前に待機する共用の部屋があるから、そこにいました。もちろん、秘書も使っていませんし、共用の部屋に事務職員がひとりいますが、その人は部屋の鍵を開けたり閉めたりするときに必要だからいるだけです。

出されたお茶は飲みます。でも、コーヒーは飲んでいません。お茶とコーヒーの違いは、くだらない話なのですが、「お茶は一般的にいい。コーヒーは買ってくるからダメだ」と、マスコミがそういうふうに言うことは知っているから、コーヒーは飲まないようにしていました。

そんなしょうもない批判をされたくないから、少しでも利益供与と言われることは徹底して避けていたのに、調べもせずに思い込みで批判してくるのがテレビや新聞の実情です。そして、いっさい税金から報酬をもらっていないことを調べたテレビ局もありましたが、わかったあとも、まったく訂正しないのです。

私が辞任してからも、野党の一部は「任命責任」などと言っていました。しかし、菅総理の名前で辞令を交付して任命した国家公務員は何十万人もいるわけですが、野党はそのどこまでを任命責任だと言うつもりなのでしょう。

複雑な事柄から「解答」を導き出すには

私は予測を立てるときに、二つか三つの要素だけを使うようにしています。「単純化思考」でものごとを捉えるのです。

そして、他人の話はあまり聞きません。周囲の情報を聞いてばかりいると、それでいっそう混乱して複雑になってしまいます。

学校教育では、「他人の話を聞くことが大事だ」と教えますが、それが弊害になっているのかもしれません。義務教育のうちはそれでもいいのでしょうが、高校生や大学生になって「みずから考える」ことを意識するのとしないのでは、その後の人生に大きく影響するのだろうと思います。

私は、もともと「みずから考える」ことが好きだったようで、小学生のころから、教科書をもらうと、何時間かで1年分すべてを終わらせてしまっていました。とくに算数、数学に関しては小、中学校の段階で先生に教えてもらわなくても、すべて先にできていました。

そのため、小学生のころからずっと先生の話を聞いた記憶がありません。他人には聞かないで、すべて自分で考えていました。先生からすると、変な生徒だったと思います。

学校は勉強をするところではなく、遊びに行く感覚でした。数学について「数が苦」などと言う人もいますが、私にとっては「数楽」でした。

数学嫌いな文系学生は、よく「公式をたくさん覚えなければいけないから大変だ」と言いますが、あれをすべて覚えるのは無理ではないでしょうか。私も一つひとつは覚えていません。

しかし、公式はある原理から導き出されるものであり、その原理は二つくらいしかありません。だから、それを押さえておけば、そこから公式を導き出すことができます。

公式を導き出す過程を理解していれば、どんな問題でも解けるというのは、数学にかぎらず、社会のあらゆることの分析においても通じる考え方だと思います。

いちいち公式を覚えなくても問題を解けるようになることは、言い換えれば、「楽をするために、いかに単純化するか」ということです。

「覚えなくてはいけない」といった意識も必要なく、あらゆる思索がとても楽になります。

学者の仕事とは複雑なことを単純化することではないでしょうか。複雑なことを複雑なままに説明しても、他者からすると何を言っているのかわかりません。

しかし、複雑な事柄も、いくつかの前提から、すべての解答が導き出されます。本質があって、そこに何かが組み合わさったものが、すべての世の中の事象になっています。だから、「何が本質か」というところから導き出すので、このときに、頭のなかには五つくらいのことしか入っていません。少ないことから組み合わせて話を理解していく演繹的《えんえきてき》な思考をするので、話が簡単になります。実際、私が言うことの結論は、とても単純だと思います。

自分の頭で考えることに慣れているので、「誰かがこういうふうに言っている」と書くことはほとんどありません。「こういうふうに思うから」と書いています。私の判断基準は自分だけなのです。

数学がわかっていない「8割おじさん」の予測

文系の人は、よく、「数学なんて、社会に出てからは、なんの役にも立たない」などと言います。

しかし、私は日常的に数学を使いますし、これがすごく役に立ってもいます。

ものごとを合理的に考える人は、つね日ごろから数学を使っていますし、数学を使っていない人は、きっと合理的に考えることが苦手なのでしょう。

身近な例で言えば、ダイエットにしても、数学で考えれば簡単な話です。数学的に考えれば、体重の増減は入るものと出るものの差としか言いようがありません。そうすると、ダイエットのためには入るものを抑えるか、出るものをたくさん出す――つまり、食べる量を減らして運動をすることでしかダイエットはできないとわかります。それをやるかやらないかは意思の問題です。

私が言っていることのだいたいは数学の知識を使ったもので、新型コロナウイルスの感染の波を言い当てることができるのも、その根本には数学があります。

そのようなデータ分析で使うのは、かなり高度な数学になりますが、おそらく政府の分科会の人たちには数学ができる人は少ないように思います。だから、論理的な政策提言ができないのだとも言えそうです。

数学を使って先に感染状況の推移を予測し、そのときに医療がどうなるかを考え、現状で不足しているのなら、供給を増やすような政策を取るとともに、同時に行動自粛や休業を要請し、感染状況を抑えることを考えるべきです。

しかし、政府も東京都も、そのような思索をしていません。だから最初に「8割おじさん」

こと京都大学の西浦博《にしうらひろし》教授が言ったような「42万人が死亡する」などというデタラメな数字が出てくるのです。

これほどひどい数字になると、医療を充実させるなどという答えはどうしたって出てきません。42万人の死亡に備える準備など1年がかりでも困難で、そうすると、もう行動制限という答えしか出てこないわけです。

結果を見ても、42万人というのが数学的に間違っていたことははっきりしています。あのようなデタラメな予測を先にしてしまうと、結局は変な答えしか出てきません。数学を間違えるとこういうかたちになる見本です。

最初から私のように予測していれば、行動制限という答えとともに、「医療の供給を増やせば対応できます」との答えを導き出すこともできたのです。しかし、最初に42万人などという数字を出されてしまうと、「いくら医療体制を充実させても焼け石に水だ」といった結論になってしまう。つまり、日本の新型コロナウイルス対策の不備は数学の間違いによるものであったと言えるわけです。

だから、私の目には、「いまの政府は数学のセンスがない人が新型コロナウイルスの話をしているな」というふうにしか見えません。

もちろん、いつも100%の精度で予測できるわけではありません。だから、ある程度の幅で対応するとしか言えないのですが、そこを正しくやらないことには正しい処方箋は出てきません。

数学ができないと、戦争にも負けることになります。数学はすごく合理的なものですから、戦争で勝利を収めるためには、「ある程度の犠牲はあるけれども、こういった対応をして……」などとリアリスティックに考えなければなりません。

しかし、日本の場合はそれができませんでした。とにかく「行け行け！」という精神論が先に立ってしまうのです。これは、先の大戦にかぎったことではなく、現代のビジネス戦略においても同様です。あらゆる競争において、数学を使うことなしに勝利は見込めません。トップが理系でないと、何ごとも合理的に考えることができなくなってしまうのです。

個人の資産設計に直結したアメリカの数学教育

私の子どもはアメリカで教育を受けました。アメリカでは数学を教える際に生活に役に立つような話を多く取り入れています。

たとえば、アメリカ人は一生のうち平均で4回くらい家を買って売ってということを繰り返します。

最初に買うときにはローンを組みます。そして、家を売ったときにそのローンを返済することになります。そうすると、家の価値とローンの価値をいつも計算して把握していないと、いいタイミングでの売買ができません。

家の価値については、実際に値段の情報がありますから、「いま、値上がりしています」「値下がりしています」と比較的わかりやすいのですが、ローンの価値となると、わからない人も多いでしょう。しかし、家の価値とローンの価値の計算は、じつはまったく同じなのです。

「資産と負債」という考え方なのですが、資産は家を売ったときに入ってくる収入を元手にして価値が計算できます。一方、負債はローンの金利によってその価値が計算できます。

ローンが大きくて家の価値が小さいときに家を売ったのでは大変です。家を売ってローンを返そうと思っても返せないことになってしまいます。

だから、そこのところのバランスを計算しなければなりません。その計算をするために必要なのが数学です。

高校では「数列」や「級数の和」といったことを習いますが、日本ではそれを文字式で説明するだけのことが多い。しかし、アメリカでは、これを家の価値とローンの価値に当てはめて教えるのです。

「毎年毎年のローンの金利はこれくらいになる」「そのローンの金利を複利で割り戻すとこう

なる」といった計算をすると、これは等比級数というのがそのまま当てはまるので、この和によってローンの価値がわかります。

こういった公式は文字式を示して「このような計算があります」と言ってもなかなか理解できませんが、アメリカでは「実際におまえの家はどうなのか」と計算させるのです。そうすると、生徒たちにとっても切実な問題ですから、お父さんとお母さんも一緒になって計算することになります。これをやることで、「なぜ、そのような計算をするのか」という根本の意味から理解できて、いい勉強になるのです。

金融機関のカモにされる「数学オンチ」の日本人

ローンは残高だけではなく金利も払うことになるわけですから、そもそも残高だけで見ている人は、それだけで数学ができないことがわかります。

そのような人を騙《だま》すのは結構簡単で、残高が少ないローンで、金利でたくさん返済させるようなパターンもあるわけです。そうすると、残高は小さくても、実際のローンの価値はすごく大きいことになるわけです。

毎月の返済パターンを変えるだけでもローンの価値はまったく変わってきます。毎月定額で返すパターン、だんだん返済額を減らしていくパターン、満期一括で返すパターンなど、いろいろなやり方があって、それぞれ価値は異なってきます。どれが良いのか悪いのかは、そのときの金利に依存しますから、そこで数学的な計算をすることによってローンの価値がわかるのです。

その時々の計算のやり方を知っていれば、「これからの金利はこうなるから、毎月均等で返済していこう」「早く一括で返すほうがいい」などと、いろいろな返済パターンを考えることができます。

しかし、日本では多くの人が、そのような計算をまったく知らないまま、金融機関に言われたとおりに借りる人が多い。そうして金利のことは考えずに、「残高がどうこう」などと言ったりするのです。

そのような人に対して、すぐに残高が減るようなかたちにしておいて金利で儲《もう》けるなどというやり方は、実際の金融機関でもやっていることです。

このようなことをちょっと勉強していれば、自分がローンを組むときにも、金融機関にいろいろとローンの提案を持ってこさせて、どれが有利かと比較検討することができます。

金融機関は、「どれも同じですよ」などと言いますが、じつはまったく違うのです。数学の知識があれば、そういうことはすぐにわかります。

このように、本来、数学はものすごく役に立つものなのです。だから、日本の学校もそういう教え方をすればいい。そうすれば、わが身に照らし合わせて真剣に数学の勉強をするようになるでしょう。

住宅ローン以外にも数学が使える場面はいろいろあります。

私の場合は家の土地面積を計算するときに数学をよく使います。具体的に何平方メートルといった数字を出さなければならないときに、土地というのはきちんと四角形にはなっていないことが多いですから、角度を測り、三角形に分けて、三角関数を使うなどして計算すれば、すぐに答えは出ます。

ほかにも無意識のうちに数学を使っていることはたくさんあって、きっとみなさんも日々の生活のなかで役立つ場面があるはずです。

第2章

「経済オンチ」の「おかしな理屈」に騙されるな！

——経済学的にありえない論説が称賛される理由

「新聞は10年以内になくなる」これだけの理由

外国人の収容や送還のルールを見直す出入国管理法（入管法）改正案について、２０２１年の通常国会での成立を目指して審議が行われていましたが、5月に見送りになりました。

これに先立つ3月、名古屋出入国在留管理局に収容されていたスリランカ人女性が死亡した事案もあって、「入管法改正は人道に反する」との世論が持ち上がったことの影響が大きかったようです。

私は入管法の改正について、つねづね「犯罪者みたいな人が日本に来たときに、それを追い返すための改正です」とコメントしていました。

しかし、メディアは、そういうことはまったく報道せず、「人道的問題が」「日本は難民受け入れに消極的だ」などと改正の本来の目的とは異なることばかりを報じ続け、結果的に入管法改正は見送りになってしまいました。

改正が見送りになってから、産経《さんけい》新聞が、「入管法案見送り　長期収容の見直し進めよ」と題する社説で、「スリランカ女性の死と、不法滞在外国人の母国送還は別問題」と書いていました。

同じことをずっと前から言っている私からすると、「何をいまさら」といった話です。それでも、まだ記事にするだけ産経新聞はいい。

スリランカ女性の死は痛ましいことですが、だからと言って、そればかりを取り上げて大事なことを何も言わない新聞など、もう読む人がいなくなるのではないでしょうか。

法改正案の類いの話は政府の広報物などをちょっと調べればすぐにわかることなのです。今回の入管法改正の目的が、自分の国で罪を犯して日本に逃げてきた人がずっと難民申請をしていたというようなことが一部であったので、それに対応するための改正案だというのは明らかでした。

そのことを報道しないとなると、新聞を読んでも本当のことはわからないとなってしまう。新聞社の人たちは、それを情けない話だと思わないのでしょうか。

ビジネスとして見ても、新聞社の将来は危ういでしょう。

新聞ビジネスの将来をデータから予測すると、球を投げると放物線を描いて重力で落ちる曲線とまったく同じです。球を投げたときは、初速から計算すれば、いつ地面に着くか弾道計算ができますが、新聞はそれとまったく同じで、加速度が下に働いていて、今後10年以内になくなってしまうだろうということがほぼ予測できます。

「新聞が10年以内になくなる」と言うと、みんな驚きますが、データ的にはそうなっているのです。

とはいえ、情報はみんな欲しいですから、いまの新聞に代わるものが出てくるでしょう。それは何かと言えば、やはりインターネット媒体や、ユーチューブのようなものになるのではないでしょうか。

みんな情報が欲しいのはたしかなのですが、新聞が書いていることは、ちょっとずつあてにならない。私に言わせれば、新聞の一部は活動家がしゃべっているのと一緒です。活動家のグループの人は、それを読みたいのかもしれませんが、普通の人はもう無理でしょう。思想が強すぎるのです。

基本的なことすら調べないで批判してくる人々

新聞などからは年中、批判を受けます。私が内閣官房参与だったときにオリンピック開催か中止かという話になって、「日本の事情で中止になったら数千億円の賠償金をＩＯＣに払うことになる」と言うと、ある新聞は「髙橋は、いまからオリンピックを中止すると政府が賠償金を払わなければならなくなると言っているが、政府はそんなことを言っているのか。政府が言っていないのなら、髙橋がそういうことを言うのはおかしい」などと書き立てました。

もちろん、政府がそんなことを言うわけがない。仮定の話を表立ってするわけがありません。そもそも、オリンピックはIOCが主催者であって、東京都が会場提供者だから、基本的には東京都とIOCの話なのです。だから日本政府には関係がないというのが、まず根本にあります。

政府から中止の話などするわけがないし、こんなものは私の個人的意見というよりは当然の理屈なのです。主催者のIOCと会場を提供する東京都が開催か中止かを決めようというところに横から日本政府が「中止しろ」と言うのなら、その代償が必要になるだろうという予測の話です。

そんな私の言葉尻を捉えて批判してくる新聞は、やはりおかしいと思います。このときの私の内閣参与という立場は、正確に言うと非常勤国家公務員ですが、政府の意思決定にはまったくかかわっていません。そもそも参与は会社で言えば顧問で、会社の意思決定には関与しないアドバイザリーです。したがって、私が政府の意見を代表することもない。このことは何度も言ってきました。それが何か騒動があると、「髙橋のような人間が政府の意思決定にかかわっていいのか」などと妙な前提で批判してくるのです。

「政府の意思決定にはかかわっていなくて、無給のボランティアのようなものだ」と何回も言っているのに、「国税から給料をもらっている」などと批判してくる人間もいました。言いっぱなしで、それについての訂正も何もありません。どうしてそういうことを言うのか、こちらとしてもわけがわかりません。

これを見聞きした一般の人はどう思うのか。こんな基礎的なことも調べないで、誤ったことをテレビの全国放送で流して訂正もしないのでは、ごく一部のシンパ以外は、そんな番組は見なくなるでしょう。

メディアがなくなれば「編集」「切り取り」もなくなる

インターネットが一般化したことで、今後は広告がテレビや新聞からインターネットのほうに移ることになるでしょう。インターネットだと、どういう人が見ているのか、リアルタイムでその属性までがすべてわかるので、ターゲティング広告がやりやすいのです。

テレビの場合は、視聴率調査といっても、ちょっとあとにざっくりしたものしかわかりません。そのように比べたときに、テレビや新聞よりインターネットのほうが広告パフォーマンスは上がると言われています。

そうなると、新聞だけでなく、メディアとしてのテレビも苦しくなるでしょう。番組の中身もスポンサーの関係から制約が多く、一方インターネットのほうは制約が非常に少ない。現状のインターネット媒体は玉石混淆《ぎょくせきこんこう》で、いろいろなものがあるのは事実だと思いますが、それでも今後はスポンサーのしがらみがない分、インターネットのほうが番組づくりもやりやすいということになっていくでしょう。

将来的に見れば、新聞はまずダメで、テレビもだんだん苦しくなるでしょう。テレビのほうは、リアルタイムで見られて、音声や映像もあるし、スポーツ番組などもあるので、まだしばらくはもつでしょう。しかし、報道に関しては、新聞同様に相当苦しくなることは間違いありません。

メディアの根本的な弱点は、「編集しなければいけない」と思い込んでいる点にあります。新聞記事やテレビ番組の制作においては必ず編集作業が入るのですが、編集とは、はっきり言えば切り取りです。切り取りは、今後は好まれなくなるでしょう。

たんに切り取りをするだけでも偏向が生じるのに、現状では、それどころか1次情報を恣意的にねじ曲げることも平気でやっています。

たとえば、「新型コロナウイルスのデルタ株では若者の重症化率が10倍になった」などとマスコミが騒いだとします。しかし、実際の数字を見てみると、それは「重症化率0・01％だったものが0・1％に上がった」ということだったりするのです。たしかに「10倍」はウソではありません。しかし、現実に照らせば、どちらも誤差みたいな話でしょう。

そんな報道ばかりをしているテレビは、はっきり言って、あまり見ないほうがいい。毎日のように取り上げていた新型コロナウイルス情報にもろくな知識がありませんでしたから、それよりは3密を避けて心安らかに生活しているほうがよほどいい。

200万人以上の犠牲をともなう「反ワクチン論」

新型コロナウイルスのワクチン接種が始まると、一部の人たちは、さかんに「ワクチンの危険性」を唱え始めました。

反ワクチンの団体とその活動家は世界中にいるのですが、日本はそれがとくに多いようです。海外に比べて伝統的に自然志向が強いこともあるのでしょう。

日本の戦後の歴史をたどると、戦後すぐのころには予防接種法があって、強制的に結核のBCGや小児病のおたふくかぜなど、さまざまなウイルス病に関するワクチン接種を行ってきました。

これによって、日本のいろいろな病気がなくなって、世界からも高い評価を受けました。

しかし、1980年くらいからワクチンの副反応、当時は副作用と言っていましたが、これがひどいというので、どんどん反ワクチンの活動家が増えてきました。彼らは政府に対して圧力をかけ、それもあって、だんだん集団での予防接種が行われなくなってきました。活動家から見れば、非常に成果があったわけです。

そうして1994年に予防接種法改正が行われ、それ以降、ワクチン接種はすべて任意接種のかたちになりました。それ以前の日本は世界に向けて輸出するほどのワクチン先進国でしたが、反ワクチン運動でワクチンの強制接種をやらなくなると、日本の製薬会社のワクチン製造能力がどんどん衰えてしまいました。

反ワクチン運動のなかでも、いちばんひどいのが子宮頸《けい》がんの件です。

子宮頸がんの多くはヒトパピローマウイルスに感染することによって起きるのですが、ワクチン接種によって90％以上を防ぐことができます。

ごく稀《まれ》に副反応が起き、なかでも急性散在性脳脊髄炎は意識障害や全身の痙攣《けいれん》によって、最悪の場合は死にいたることもある恐ろしいものです。

しかし、これはウイルス感染やさまざまな種類のワクチン接種によって自身の免疫作用が暴走するために起きるもので、子宮頸がんワクチンにかぎって起きるわけではありません。

そして、発生の確率も、厚労省の発表では子宮頸がんワクチンの約430万回接種に1回、0・000023％という、きわめてわずかなものなのです。

それなのに、「子宮頸がんワクチンには重大な副反応がある」とさかんに宣伝された結果、みんな接種しなくなってしまいました。

そのせいで、子宮頸がんによって年間約3000人が亡くなっていて、また約1万人が手術を受けています。多くの場合、この手術によって、その後の妊娠が困難にもなります。

メリットとリスクを比較すれば、圧倒的にメリットがまさるにもかかわらず、厚労省のホームページで、「子宮頸がん予防ワクチンの接種を積極的にはお勧めしていません」などと書かざるをえないような状況になっているのです。

ワクチンが危ないかどうかは、ワクチンを接種することのメリットと、打つことによる副反応のバランスでしかありません。

子宮頸がんはワクチンを打たないと年間数千人の死者が出る病気です。もちろん、ワクチンの副反応はありますが、その数千人を救うことができるという意味では、副反応のリスクのほうがはるかに低いのです。

新型コロナウイルスについて言えば、ワクチンを打つことによって、自分が感染しない、重症化しないことにプラスして、身の回りの人や高齢者に対しても感染させないメリットがあります。

また、私が計算したところでは、ワクチン接種が進んだことで、デルタ株による第5波で約1万2000人の命が救われました。

日本の場合、新型コロナウイルスのワクチン接種が始まる前は感染者の約1・8%が亡くなっていましたが、ワクチン接種が始まってからは、これが0・2%まで減っています。その差は1・6%。第5波で2021年9月はじめまでに感染した人は約75万人ですから、これに1・6%を掛け算すると1万2000人になります。ワクチン接種がなければ、この1万2000人が死亡していたかもしれないわけです。

たしかに、副反応によってごく稀に亡くなる方もいます。しかし、そのリスクはものすごく低いものです。このときに反ワクチン活動家たちは「ゼロじゃない」という言い方をするのですが、それはただの煽りです。リスクはゼロではないけれども、それによって得られる社会的なメリットのほうがはるかに大きいことを、彼らは決して言いません。

反ワクチンの人たちからすると、「なんとなく自然がいい」というところが、まず根っこにあるのでしょう。自然がいいとなると、何も治療をしないで、とにかく放っておけということになります。そうすると、日本では新型コロナウイルスで1・8%くらいの方が亡くなることになります。それで日本国民全員が感染して自然免疫がつくまで放っておいたときには、日本国内で200万人以上が亡くなる計算です。全員が感染すれば、集団免疫ができて、ワクチンに頼る必要はありません。そうやって、200万人以上が亡くなることを放っておくか、もしくはワクチンを打つことで抑えるのか、その選択です。

あるいは、自粛して他人と接触しなければいいと言うのですが、それがずっと続くことをどう考えるのか。仕事ができなくなれば、政府が助けろと言うのでしょうか。

いずれにしても、話としては矛盾していて、それよりは世界中でワクチンを打って、副反応があったとしても、そのほうがスッキリしていいでしょう。マスクをしないで活動できたほうがいいと考えるのが普通だと私は思います。

ワクチンで人を殺すことなどできない

反ワクチン派には、「ワクチンにはマイクロチップが仕込まれている」などという、とんでもないことを言う人もいるようです。

それなら、そのマイクロチップなるものを見せてください。ワクチンはすでに存在していますから、それを調べればわかることでしょう。「人類を減らすため」などと言っても、ワクチンにそういうものが仕組まれているかどうかは、見ればわかることです。

ファイザー社でもモデルナ社でも、もしそんなことをしていたら、ライバル製薬会社がすぐに「こんな悪さをしていた」と、その証拠を示すはずです。そもそも、いまの技術で「ワクチンによって意図して人を殺す」などということはできません。科学的知識がないから、そういうことを信じてしまうのでしょう。

今回のワクチンはｍＲＮＡの技術を使っているのですが、ｍＲＮＡは遺伝子をコピーするものです。それによってワクチンの疑似遺伝子のようなものを体のなかにつくらせるというのがｍＲＮＡワクチンのしくみです。ｍＲＮＡ自体はすごく脆弱《ぜいじゃく》なもので、活動を抑えるために冷凍が必要になります。冷凍するというのは、すごく壊れやすいことの証拠で、実際には接種してから1～2週間もすると、体のなかで溶けてなくなってしまいます。

冷凍がうまくいかなければすぐに壊れてしまうようなものが、体のなかで何か別の作用をする危険性はものすごく少ないのです。

ｍＲＮＡワクチンによって疑似的に病気にかかった状態をつくるというのは事実です。しかし、それは、いままでのワクチンの歴史でも同じで、ウイルスを無毒化してワクチンに利用するという同じような技術でやってきたわけです。つまり、ｍＲＮＡだからといって、これを否定するのは、ワクチン療法そのものを否定することに近い。従来型のワクチンであれ、ｍＲＮＡワクチンであれ、とにかく体のなかに異物を入れるのがいやだと言うなら、自然に放っておけということになり、そうすると、日本国内で200万人以上が亡くなるわけです。

ｍＲＮＡワクチンが自分の遺伝子に作用することを怖がる人が多いということですが、これは未知のものに対する恐怖感でしょう。

この手の話は反科学に似ていて、反科学とは、言ってみれば「感情」に近いものです。科学的に無知な人ほど感情に頼って話します。反原発などもこれに近いのですが、そのような反科学的なことを言う人は、科学が理解できないし、科学が嫌いなのです。

だから、そういう人たちは、自給自足で、どこかで集団生活でもしてくれればいいのです。実際、そうした人のなかには自給自足で石器時代の生活がいいというようなことを言う人も多いようです。

なぜ、そのような発想になるのかと言えば、科学に対するアレルギーなのでしょうか。そう言う人たちは、みんな発想が似ていて、感情と雰囲気がすべてです。リスクの説明などは数量的で、そういう自分の感覚をエビデンスによって否定してくるものが嫌いなのでしょう。

印象論にすぎない菅義偉内閣の「ワクチン敗戦」

それとは逆に、菅さんが総裁選出馬辞退を表明した際に、まだ「ワクチン接種を遅らせた」などと批判する人もいます。

しかし、現実には菅さんがアメリカのジョー・バイデン大統領との会談で渡米した際にファイザー社のCEO（最高経営責任者）と会談して――じつは首脳会談よりそちらをメインに考えていたようですが――それによって大量のワクチン供給の約束を得ました。菅さんの肝煎りで、大規模接種センターの開設が決まり、職域接種も始まったのです。

「1日100万人接種」と号令をかけたのも菅さんで、医学界をはじめ、みんなが無理と言うと、超法規的措置で「歯科医にも接種させる」と言い、ワクチン接種を渋っていた医師たちはそれに焦ってやるようになったという経緯もあります。

その結果、先進7カ国と比較してもトップクラスのスピードでワクチン接種は進みました。

メディアも野党も、そんな現実を見ようともせず、2021年6月14日、野党4党が内閣不信任案を提出した際に、立憲民主党の枝野幸男《えだのゆきお》代表は、「有事のリーダーとして失格」と菅さんを批判しました。すでにこのとき、全国民が接種できるだけのワクチンを確保していて、接種自体も2500万回に迫る勢いだったにもかかわらず、です。

ワクチン接種の準備をしっかり整えた菅さんを「リーダー失格」と言う枝野さんも、きっと反ワクチン派なのでしょう。枝野さんの言う「ゼロリスク」とはワクチン接種による副反応のリスクをゼロにすることを言っているのかもしれません。

「2024年預金封鎖」はありえない

インターネット上でひそかに「2024年預金封鎖」という話が出回っているようです。2024年に渋沢栄一《しぶさわえいいち》の一万円札をはじめとする新札が発行されるタイミングに合わせて預金封鎖が行われるというのです。

きっと彼らはそもそも預金封鎖がどういうものかということすら理解していないのでしょう。預金封鎖とは、あるときに銀行預金の引き出しができなくなってしまうことを言います。こんなことが起きれば、それは大変です。こんな国全体が恐慌になるようなことを普通はやりません。とはいえ、たしかに過去に預金封鎖がなされたことはありました。では、どういうときに預金封鎖をするのか。それがわかっていれば、この手の話に騙されにくくなります。

過去の預金封鎖がどのようなときに行われたのか。日本でこれまでに預金封鎖が実行されたのは終戦間もない1946年、幣原喜重郎《しではらきじゅうろう》内閣において1回だけです。

終戦直後には戦禍によって工場などの生産設備がみんなつぶれてしまいました。しかし、そのときにお金はそこそこありました。工場がつぶれて生産ができないのに、お金がそこそこあったらどうなるかと言えば、これは当然、モノの値段が高くなります。モノがないのにお金はある状況ですから、みんながモノを買いたくなって、モノの値段が高騰していくわけです。インフレ率は200～300％になりました。

そこで、この狂乱物価を抑えるための手段として、預金の引き出しを差し止めて一時的にお金の動きを止める、つまり預金封鎖が行われたのです。

海外でもたまに預金封鎖の話がありますが、それらもみんな同じように「お金はあってもモノがない」ときに起きるインフレを抑えるために行われます。だから、預金封鎖があると言っている人は、その裏の意味で「ハイパーインフレがある」と言っているのです。「いまの日本はハイパーインフレの一歩手前で、それを抑制するために預金封鎖を行うのだ」というのがウェブ系の預金封鎖論者の言い分です。

預金封鎖の話は何年かごとに出てくるのですが、まずありえないと思っていい。ハイパーインフレにならないかぎり、預金封鎖などしたときには、ただたんに社会生活を混乱させるだけですから、政府がそんなことをするわけがありません。

昔からこのようなデマを飛ばす人間はいて、あるときには「預金封鎖を大蔵省（現・財務省、金融庁）が検討した」などとまで書いているのを見たことがあります。私はそのときに大蔵省にいましたが、一回も預金封鎖など検討されていません。そもそもハイパーインフレになどならないのですから、預金封鎖をするわけがないのです。

まれに、省庁において過去の預金封鎖のときの状況を調べることはあります。これだけなら、これまでの書物をコピペするだけなので、一日もあれば終わります。それを間接的に聞いた人が「省庁で検討された」などと大げさに書くのです。

そうして預金封鎖論者＝ハイパーインフレ論者は、「財務省の秘密文書によれば」などと平気でデマを飛ばします。

しかし、コロナ禍でのマスクの値段にしても、一時期は品不足のために価格が上がりましたが、みんながつくり始めたら一気に価格が下がりました。いまの日本のようにモノがつくれる状況であれば、なかなかインフレにはならないのです。モノの値段が高くなって、つくれば儲かるとなれば、みんながつくりますから、それによってインフレは抑制されていくのです。

戦時には物資の不足でモノがつくれませんから、どうしようもなくインフレになるときはありますが、平時にはハイパーインフレは起こりえません。

つまり、ハイパーインフレを根拠とした言説は、そのすべてが根も葉もないデタラメだと理解しなければなりません。

とても「経済理論」とは言えないMMT

MMTとはModern Monetary Theoryの頭文字を取ったものです。

これについて、いろいろな人がいろいろなことを言っているのですが、当初に日本でこれを言っていた人たちは、「財政出動は、いくらでもやって大丈夫です」と言っていました。

ある人は、「5000兆円の財政出動をしても大丈夫だ」とまで言いました。つまり、5000兆円の国債を発行しても、財政的に何も問題は起こらないと言うのです。

このような話を聞いたときに、私は5000兆円の国債を出したときにインフレ率がどれくらいになるかを計算してみるのですが、そうすると、間違いなく何十%ものインフレになるわけです。

だから、5000兆円はまずいでしょうと言ったら、「いや、大丈夫なんです」というのが、ごくごく初期にMMTを言っていた人たちでした。つまり、その人たちはインフレ率がどうなるかの計算もせずに、「MMTはすばらしい」などと語っていたのです。

MMTを称賛している人たちは、まさしくド文系で、計算ができない数字的な話が苦手な人が多いのだろうと思います。

私が「いくらでも財政出動していいというのはおかしい」と言っていたら、そのうちにMMT派の人ですり寄ってくる人もいました。私が「インフレ目標の範囲で、インフレ率が2％に届かなければ、MMTで言うように、国債を発行して日本《にっぽん》銀行が買うのもありです」と言ったら、それをそのまま記事にしていたウェブ系の経済評論家みたいな人もいたようです。

それもあって、自民党のある人が「MMTって、髙橋さんが言ってるんじゃないんですか？」と言ってきたこともありました。「いや、私はいくらなんでも国債を5000兆円出しても大丈夫だなんて言いません」と答えたのですが、いまのところはMMT派の人たちも、だんだん私の言うことにすり寄ってきているようです。

あるMMT派の人は自慢げに「じつは財務省がMMTを認めているんです」と言っていたそうです。その人は、「財務省のホームページに『自国通貨建ての国債を出しても財政破綻はしない』と書いてある」と、まるで「5000兆円説」のときのように、「財務省のお墨つきだから、どれだけ国債を発行しても大丈夫」みたいな言い方をしているわけです。

しかし、じつは、その「自国通貨建ての国債を出しても財政破綻はしない」との文章は私が書いたものなのです。そして、そこではきちんと「先進国の」と付言しています。

「先進国の」との文言が何を意味しているのかと言えば、それは「きちんとした経済政策をする国」ということです。これをさらに噛《か》み砕いて言うと、たとえば「インフレ目標をきちんと守る国であれば、その範囲で財政出動しても大丈夫だ」ということになります。

これを私は2000年初頭に当時の大蔵省の文章として書いていました。MMT論者のひとりであるステファニー・ケルトン教授が来日するなど日本でMMT論が盛り上がり始めた2019年よりはるか以前のことです。

しかし、MMT論者は「先進国の」といったことは省いてしまって、「自国通貨建ての国債を出しても財政破綻はしない」というところだけを取り出して、「これがMMTだ」などと言っているのです。

私はこういうことを20年くらい前からずっと言ってきて、いつも正確に説明してきました。それを抜き取って語っている人が私の意見と似るのは当然なのですが、では、私が言ってきたことと、どちらが元祖なのかという話です。歴史を見れば明らかでしょう。MMTなどは、最近ちょろっと出てきたくせに、何か自分たちが革新的なような顔をしているだけなのです。

芸能タレントが他人の芸のパクリをして大きな顔をしているのと大して違いません。

財務省の文章を私が書いたと知らないでしゃべっているのだから話にならないでしょう。彼らは私が20年近く昔に言っていたことの本質を理解することもなく、上澄みだけを丸パクリして、それでいながら「元祖で革新的」みたいな顔をしているのです。

私が言うことの基礎にはリフレ理論があります。リフレとは「リフレーション」の略で、

「デフレ状態から脱却したものの、インフレと呼ぶほどでもない状態」のことを指す経済用語です。そして、リフレ理論とは、簡単に言えば、リフレの状態が経済にとってはいちばんいいので、これをどのように保つかという理論のことを言います。

MMT論者たちは宣伝がうまいから、あたかも本家のリフレよりすぐれた理論であるかのように言います。

ただし、アメリカの正統的な経済学者のあいだでは、MMTなんてモノはまったく相手にされていません。新理論という以上、新たな知見がないとダメですが、MMTにはありません。実際、ノーベル賞経済学者のポール・クルーグマンらは相手にしていません。

なぜ、MMTと「リフレ」は混同されるのか？

MMTとリフレを並べて見れば、リフレのほうがずっと以前から議論されてきたもので、実際の経済政策にも影響を与えるくらいに由緒正しいものです。

私は2000年のちょっと前、プリンストン大学に留学していたころに、リフレについて、FRB（連邦準備制度理事会）議長だった当時のベン・バーナンキと直接話していました。留学時の受け入れ先の先生がバーナンキだったので、そこでリフレーションの話をしたら、「洋一の言うとおりだ」と言われました。そのときに同じフロアにいたのが、のちにノーベル経済学賞を受賞するクルーグマンで、彼ともよく話をしていました。そのころに彼らが言っている話を日本語に訳して、それを理論的に実行したのがリフレなのです。

バーナンキに直接言われたのは、「日本の金融政策は異常なほど貧弱だ」ということで、「poor」と言われました。「なんで、もっと金融緩和をしないのか。デフレなんか簡単に脱却できるよ」と彼は言っていました。

金融緩和とは、つまり日本銀行が政府発行の国債を買うという意味で、「国債を買いすぎれば、インフレ率が高くなって、デフレから脱却できるでしょ」というだけのシンプルな理屈です。

そういう意味で言うと、たまたまアメリカ留学をしたときに周囲に有名な人がたくさんいたというだけなのですが、私はリフレ派と言われるなかでもアメリカの最先端にいた学者と日本のあいだの橋渡しをしていたことになります。

小泉《こいずみ》純一郎《じゅんいちろう》政権のときには、私もその内部にいましたから、竹中平蔵《たけなかへいぞう》さんを通すようなかたちでリフレについて小泉さんに伝えていたのですが、小泉さんはあまり興味を示しませんでした。ところが、そのときの官房長官だった安倍さんがリフレに興味を示して、それで私もよくレクチャーをしました。

小泉さんは政権の最後のころになってリフレ政策をやめてしまいました。それで、私は安倍さんに、「小泉さんがリフレをやめたのは失敗ですよ」と言ったものです。そして、これからの経済がどうなるかを予測したのですが、それが当たったから、安倍さんもびっくりしたようです。

政治家とはそんなもので、予測が当たるとびっくりして、その予測をした人間を信じるようになります。はっきり言ってしまうと、政治家はくわしい経済理論まではわかりませんから、彼らからすれば、理論がどうであれ、予測して当たることが重要なのです。

それで、第2次安倍政権になってからは「リフレでいこう」となったわけです。そうして金融緩和が異次元緩和となり、財政出動もしていこうとなって、その結果として、第2次安倍政権においては失業率の低下が歴代でも断トツになりました。雇用がうまく維持できれば、支持率も上がり、長期政権になるのです。

「竹中平蔵は売国奴」というデタラメ

「陰謀論」のようなものが、なぜ起こるのか。私にもよくわからないのですが、たしかに陰謀論好きな人がたくさんいます。

私のように理系でデータ重視の人間からすると、陰謀論は好きになれないという以前に理解不能です。そういうものが好きな人というのは何も考えていないのかもしれません。

有名な陰謀論のひとつに、「アメリカのアポロ11号は月に着陸していなかった」というものがあります。しかし、そのなかで「月に行っていない証拠」として言われるようなことは、科学で考えれば簡単にデタラメだとわかるものばかりです。そもそも、月面にはアポロ11号が降ろしてきた反射計があって、それは人工衛星からも確認されています。これこそアポロ11号が月面に着陸したことの確たる証拠であり、陰謀論はそこで終わってしまいます。

しかし、陰謀論者たちは、そのことを言っても信じようとしません。結局、陰謀論者たちは科学的知識がないから非科学的なデタラメを信じてしまうのでしょう。それどころか、「科学的根拠がまったくない」と指摘すると、「あなたは騙されているのです」と切り返してくる始末です。

もともと、陰謀論にはそういうところがあります。

エビデンスを使う私のような人間から見れば、陰謀論を論破するのは簡単です。逆に言えば、エビデンスでものごとを考えない人が陰謀論を信じてしまうのです。

彼らは「ディープステート」や「国際金融資本」などと言いますが、こういったものは確認のしようもない「わからない話」です。「わからない話」は反証もやりにくいため、陰謀論はさらに広がっていくことになります。

ほかによくある陰謀論としては「M資金」の話があります。「M資金とは、政府が戦後に大量の資金を隠していたもので、その資金から一部を分け与えます」といったもので、かつてはこれにまつわる詐欺事件がたくさんありました。それで騙された人が、何か還付金証明書みたいな書類を当時の大蔵省に持ってくるのですが、見ればすぐにウソだとわかる。こちらはM資金などというものがないことは知っているから、「ここがこういうふうに違っています」と指摘するのですが、わからない人は信用してしまうのです。

わからないと信じやすくなる。そのカラクリを使っているのは、一部の宗教なども同様です。いろいろな人の弱みや無知につけ込んで、その意味では陰謀論と宗教は似ています。

ディープステートといって、「政府のなかに政府がある」「安倍さんは、どこかの資本筋に操られていた」とか、そういうふうに言うわけです。

しかし、政府を操っている人などはいません。本当はそれで終わる話なのですが、「いない」ことを説明するのは大変です。

「竹中平蔵がどこかのユダヤ資本につながっていて日本政府を操っている」というのもよく言われることですが、これもやはり、そんな人はいません。この手の話になると、「すべて竹中平蔵が悪かった」「竹中平蔵をつまみ出せ」などとよく耳にします。しかし、そもそも、いまの政府のなかにいないのですから、つまみ出しようがありません。

私は竹中さんが小泉政権で内閣府特命担当大臣兼郵政民営化担当大臣をしていた時代に補佐官をしていたので、彼の個人的な話も知っていますが、竹中さんにまつわる陰謀論はすべて間違っています。そもそも、竹中さんは仕事をしていないのだから、どうして仕事をしていない人がいろいろと何かをやったことになっているのでしょうか。

一度、竹中さんに直接、陰謀論について聞いたことがあるのですが、本人も「よくわからない」と言いながら、「仕事をしたように言われることは悪くないんじゃないか」などと笑っていました。

しかし、現実問題として、竹中さんは具体的なところの仕事をしていません。彼の仕事は私が関与していたのだから、「竹中さんがやったのは、これしかない」ということまで知っています。

当時の竹中さんは内閣府特命担当大臣として経済財政政策を担当していたのですが、実際にやったのは郵政民営化だけ。しかも、その法案は私が書いたのです。もちろん、彼は法案の中身は知っています。しかし、法案作成については何もしていません。「竹中平蔵が格差社会をつくった」というのですが、それに関連するようなことは仕事として何もやっていません。「竹中平蔵が人材派遣大手のパソナの会長だから派遣法を変えた」などとも言われますが、話は逆で、派遣の法律が変わってからパソナの会長になったのです。現役大臣のときには何もしていないし、そんなに先見の明があったとも思えません。派遣法を直したのは、それよりずっと昔のことです。

このように、因果関係や時間の順序をデタラメにして言うのも陰謀論の特色です。

「郵政民営化」はアメリカの陰謀ではない

竹中さんを操っているユダヤ資本などというものは見たことがないし、存在しません。

郵政民営化のときにアメリカ大使館のほうから言ってきたのは、政府のなかでの法律の進捗状況を「どういうふうになりそうですか？」と聞きにきただけで、それは一般的な情報収集の一環のことです。

だから、アメリカ大使館には私が状況を説明して終わりです。陰謀論者は「アメリカの要求を受けて郵政民営化した」と言うのだけれども、実際にはこちらのやり方を説明しただけで、アメリカからの法律の内容に関する要求などいっさい受けていません。しかも、そこに竹中さんはまったくかかわっていませんでした。実際に現場にいた人間からすると、陰謀論などは、そんなデタラメな話ばかりです。

「郵貯を外資に売り渡した」と言うのですが、民営化したときには外資が狙ってくる危険性など最初からわかっていますから、売り渡せないように法律を組んだのも私です。だいたい、竹中さんが郵政民営化で外資に売り渡したといっても、現実に売り渡していないでしょう。

ほかの労働関係の仕事も竹中さんはいっさいやっていません。「やってないと言えばいいんじゃないの？」と、私は竹中さんに言いました。

2021年8月25日にインターネットテレビ番組「ABEMA Prime」に竹中さんが生出演したとき、竹中さんは以下のように語っていました。

「私が格差を拡大したとか、利益誘導をしていると言うが、何を言っているのか全然わからない。格差というのはジニ係数（所得などの分布の均等度合いを示す指標で、ジニ係数の値は0から1のあいだを取り、係数が0に近づくほど所得格差が小さく、1に近づくほど所得格差が拡大していることを示す）で測るが、私が内閣で政策をやっている期間だけは下がっていた。経済を活性化させて就業者を増やした。つまり、所得ゼロの人をなくしたので、格差は縮小したということだ。1990年代も、そのあとの時代も、格差は拡大している。そのことは経済財政白書にもOECD（経済協力開発機構）の報告書にも書いてある。私はこのことを何百回も言っているが、とにかく判で押したように、みんなが〝格差を拡大した〟と言うわけだ。私のほうがどうなっているんだと言いたい」

「非正規雇用が増えたという話についても、小泉内閣のときに増えたわけではなく、1990年代からずっと増えていた。そして、利益誘導の話にもつながるが、私は厚生労働大臣ではなかったにもかかわらず、私がやった政策のように言われた。そして、製造業の派遣を認めたことで、私が関係している会社（パソナ）が儲かったと言われるが、製造業の派遣はいっさいやっていない。そのことも何百回も言っている。私を酒の肴《さかな》にして遊んでいるとしか思えない」

「ちゃんと議論して、どこが悪いのか言わないと、議論のしかたとしてアンフェアだ。ラベルだけ貼って中身を何も言わない。たとえば、オリンピックだって、別に私はオリンピックで儲けたわけでもなんでもない」

「こんな根も葉もないことを、みんなが信じ始める社会というのは、すごく怖いと思うし、本当に心配になる。〝一部の人はこういうふうに言っているけど、そうじゃないよね〟というような、知的なアンカーみたいな部分がこの社会になくなって、変な噂《うわさ》だけがどんどんエスカレートしていく。政府の仕事をすると、なんだかんだ言われる」

すべて後づけだった「アメリカの年次改革要望書」

「アメリカの年次改革要望書によって日本の政策が決められているのではないか」と言われて

いるのも、よく目にします。

私がかかわっていた郵政民営化についても、アメリカの年次改革要望書に書かれていたことがあります。それをもって、「やはり郵政民営化はアメリカの意向で行われたのだ」などと言う人もいますが、事実はまったく違います。

郵政民営化は、はっきり言ってしまえば、小泉さんが個人的にやりたがっていた政策です。そのことは、じつは小泉さん自身が国会議員になってすぐのころから言っていました。

小泉さんが最初に結婚したとき、恩師である慶應義塾《けいおうぎじゅく》大学の加藤寛《かとうひろし》教授が結婚式に呼ばれ、小泉さんは政治家だからということで、ご祝儀にお金を持っていく代わりに、郵政に関する本を持っていったそうです。

小泉さんは、そのころからずっと郵政改革のことを言ってきました。郵政大臣になったときも、それを言って大変でした。郵政大臣が郵政民営化と言うのだから、郵政省（現・総務省）の官僚は誰も寄りつかなくて、誰も大臣室に来なかったと、小泉さん自身も言っています。それで、キワモノだとか変人だとか言われながらも、自民党の総裁になるまでずっと郵政民営化のことを言い続けてきたのです。

だから、私の印象からすると、郵政民営化は、アメリカに言われたのではなく、加藤教授に話を聞いて、それからライフワークにしたのだと思います。

ちなみに、加藤教授は2013年に亡くなりましたが、一時期は嘉悦大学で学長を務めていたことがあり、私もよく存じています。

このように、小泉さんはすごく昔から郵政民営化のことを言っていて、アメリカもそれを嗅ぎつけて、小泉さんが総理になったときくらいから、「じつは郵政民営化をやるのではないか」ということで、アメリカの年次改革要望書にも、そのころから記載されるようになりました。

年次改革要望書とは正式には「日米規制改革および競争政策イニシアティブに基づく日本国政府に対する米国政府の年次改革要望書」といって、日本政府とアメリカ政府が両国の経済発展のために改善が必要と考える相手国の規制や制度の問題点についてまとめた文書を言います。1993年に当時の宮沢喜一《みやざわきいち》総理とビル・クリントン大統領とのあいだで決められたものだと言われ、2009年の鳩山由紀夫《はとやまゆきお》内閣で廃止されるまでは毎年、日米両政府間で交換されていました。

たくさんの項目があって、互いに「こんなふうにしてほしい」と言っているのですが、私が見たところでは、その内容のほとんどが以前から根っこの話があることで、実現できそうなことを「要望」として書いているような感じのものです。

アメリカ側も自分の成果が欲しいから、「俺が言って日本にやらせた」というかたちにしたい考えが少しはあるのでしょう。

経済学的に必然だった「郵政民営化」

その年次改革要望書に郵政民営化のことも入っていました。向こうとしても、「ひょっとしたら、小泉さんがやるかもしれないな」と思うから入れてきたわけで、こちらとしても、「やっぱり入ってきたな」といった感じです。

それで、そのあとに竹中さんが小泉さんに一本釣りされて郵政民営化を任されたわけです。けれども、竹中さんも最初のころは郵政民営化なんてできやしないから、経済財政諮問会議を使いながらほかのことをいろいろとやっていましたが、小泉さんが長く総理をやったから、その途中から郵政民営化に本腰を入れるとなって、それで竹中さんも小泉さんから尻を叩《たた》かれるようなかたちで郵政民営化をやることになりました。

郵政民営化をやるにあたっては、ひとりではできませんから、まずはスタッフを集めるために100人くらいを面接したそうです。

それで、私も以前から竹中さんとは知り合いだったこともあって面接を受けたのですが、竹中さんは、そのときまで私が郵政に関するスペシャリストということは知らなかったそうです。

私は大蔵省のなかで財政投融資の担当をしていました。財政投融資とは、政府が国家的長期プロジェクトに投資するもので、この当時は年金や郵便貯金——いまで言う、ゆうちょ——を財源にしていました。

だから、郵政のお金の動きについては、ものすごくくわしかったのです。

財政投融資と郵政民営化に直接の関係はありませんが、それまでのままで放っておいたら、もうあと何年もすれば郵政が行きづまることは、計算すればすぐわかりました。

だから、財政投融資では、それまで郵便貯金から集めてきたお金を貸し付けるシステムだったものを、1998年には財投改革をして「財投債」というお金を集める別の手段をつくって、郵政がつぶれても大蔵省は大丈夫というようなかたちにしていました。

郵政がもう長くはもたないということに多くの人が気づいていなかったらしいのですが、実際には結構簡単な経営分析でわかることでした。

郵政においては郵便貯金でお金を集めてくるのですが、そのときに出資者につける金利は、じつはほとんど国債の金利と一緒でした。ところが、集めてきたお金を何で運用していたのかというと、国債なのです。そのような国の制度になっていたから、国債でしか運用できないのです。

国債とほぼ同じ金利を払いながら集めたお金を国債で運用するのではプラスが出るはずがなく、人件費の分が必ず赤字になってしまいます。そうして毎年潜在的な赤字が貯《た》まっていけば、必ず何年か先に行きづまるというのは簡単なロジックでしょう。

そんなバカげた郵貯の流れを維持するために、郵便貯金の貸付先に補助金を充てて、それを金利に上乗せして郵貯に回していました。私はそのことを知っていたので、「この補助金が、いまいくらあって、これがなくなれば必ず郵政は破綻します」と言っていました。

これが1990年代の最初のころのことで、「郵便貯金は、こういう構造的な問題があるから」と財投改革をして、「郵便貯金に頼らないでお金を集めるようにしましょう」ということにしたのです。

そうしたら、郵政省もさすがに気がついて、「髙橋は俺たちを切り捨てるつもりなのか」などと言われました。だから、竹中さんの面接を受けたときにも、郵政が今後どうなるかと聞かれて、「毎年の潜在赤字がこれくらいになりまして、この補助金を切ったらこうなって、それであと何年でこうなります」といった、それまでにすべてシミュレーションができていたものをスラスラと話したわけです。

それを聞いた竹中さんは驚いた様子で、それで私に「ぜひ、郵政改革のなかでやってくれ」と言ったわけです。法案のほとんどの文章は私が書きました。

そのときにアメリカの年次改革要望書などまったく見ていません。ずっと以前からわかっていたことをやるだけなのだから、ほかの話を聞く必要がなかったのです。つまり、郵政民営化に関するいっさいの話は、私が１９９０年代の最初のころにやったシミュレーションにもとづいてやっただけのことなのです。

「アメリカの圧力」は反対派が創作したストーリー

なぜ、「アメリカの年次改革要望書で日本が動かされている」みたいなことを言う人がいるのかと言えば、郵政については「民営化反対」という政治運動になってしまったことが大きいのでしょう。

政治運動にするためには、「アメリカの圧力でやられた」というストーリーをつくらないと、なかなか反対しにくいのです。

私は政治とまったく関係のないところで、郵政の経営分析から、このままではもう先行きがない、民営化しないと、ただ座して死を待つだけになってしまうとわかっていました。

そのときに、「民営化したら絶対に大丈夫か」とも言われましたが、それはわかりません。それでも、「どうなるかわからなくても、ただ死ぬのを待っているよりはいいでしょう」と言っただけのことです。

だから、アメリカの圧力などとはまったく関係のないロジックで、私のロジックのほうが正しいわけです。しかし、反対派としては、「このままでは郵政が破綻する」とは言えないものだから、「アメリカの圧力でやられた」と言い出しただけのことです。

たまたま年次改革要望書のなかに当時のロバート・ゼーリック通商代表の名前があって、そのゼーリックが竹中さんの知り合いでした。だから、「竹中がゼーリックに言われてやった」というストーリーをつくったのです。

私もゼーリックのことは知っていましたが、こちらが郵政民営化を進めているところにアメリカが適当に乗ってきたことは、すぐにわかりました。少なくとも、私自身がアメリカの要望書をまったく読んでいないのだから、圧力などあろうはずがないでしょう。

「日本は戦後、ずっとアメリカに支配されている」などというのは、そのようなストーリーのほうが、何かにつけてそう言っておけば、反対に使いやすいからというだけのことでしょう。

少なくとも、私がやった郵政民営化において、アメリカの意向はまったく関係ありません。すべて自分で考えたロジックです。

TPPは「アメリカ支配」ではなく「中国包囲網」

第2次安倍政権でTPP（環太平洋パートナーシップ協定）の交渉会合に参加を始めた2013

年ごろからは、「TPPはアメリカが日本を食いものにするためのものだ」などとよく言われました。

じつは、TPPには私も結構からんでいたのですが、あれをやった理由は何かと言えば、「中国包囲網をつくろう」ということだったのです。「それにはアメリカと組んだほうがいいでしょう」という簡単な話です。

それに対して、「アメリカに日本がそそのかされた」というストーリーをつくって反対したかった人がいた。最初に反対があって、それに「アメリカの陰謀だ」と後づけしただけです。

TPP反対派は、「TPPでアメリカに飲み込まれる」という言い方をしましたが、実際にはドナルド・トランプ政権のときにアメリカのほうが「アメリカの得にならない」と言って離脱してしまいました。

反対派の人たちは、「TPPで日本がボロボロになる」などと言っていましたが、現実を見てください。2018年にはアメリカ抜きの新協定として「TPP11」として発効していますが、日本がそれで大きなダメージを負ったことはまったくありません。

それでも、「アメリカは巨悪で、それに支配される日本も悪」というような一面的なものごとの見方しかできない人が多いのでしょう。

私などはTPPについて、「アメリカに支配されているわけではなく、たんなる中国包囲網ですよ」と、ずっと以前から言っています。

逆に、反対派の人たちは、ＴＰＰの枠組みに入らないで韓国みたいになりたいのでしょうか？　韓国はこれに入らなかったことで、いまでは完全に中国に飲み込まれてしまったような状況です。

日本はＴＰＰに入っているからこそ「ＴＰＰで頑張ります」と言って、中国が入ってこられないところでやっていけるわけです。

そうして見たときに、「アメリカからの支配を打破して真の独立を」などと、いかにも日本のためのように言う人のなかにも、じつは民主主義とは反対側が有利になるように言っていることがよくあります。データの裏づけも何もない、たんに耳に心地よい甘い言葉には、何かしら裏があったりするものなのです。

「ＳＤＧｓ」をアピールする人々の思惑

ＳＤＧｓとはSustainable Development Goalsの略称で、簡単に言ってしまえば、「国連が決めたたくさんの目標」ということになるでしょう。

17の目標と１６９のターゲット達成ということで項目が挙げられていて、私自身、すべては覚え切れないのですが、基本的には以下のようなあたりまえのことばかりです。

1　貧困をなくそう
2　飢餓をゼロに
3　すべての人に健康と福祉を
4　質の高い教育をみんなに
5　ジェンダー平等を実現しよう
6　安全な水とトイレを世界中に
7　エネルギーをみんなに　そしてクリーンに
8　働きがいも経済成長も
9　産業と技術革新の基盤をつくろう
10　人や国の不平等をなくそう
11　住み続けられるまちづくりを
12　つくる責任　つかう責任
13　気候変動に具体的な対策を
14　海の豊かさを守ろう

15　陸の豊かさも守ろう
16　平和と公正をすべての人に
17　パートナーシップで目標を達成しよう

あたりまえのことばかりがたくさん書いてあるのですが、これについてのポイントは、どういう人たちが、どういう目的で進めているかということでしょう。

実際のところを見てみると、だいたいは一流企業が自社のイメージアップのためによく使っているようです。「うちの会社は社会貢献をしています」というときに、「ＳＤＧｓに即してやっています」といった具合です。

私が見ていて疑問に思うのは、とくにファンドビジネスをしている人、いわゆる財テクの商売をしている金融機関が「ＳＤＧｓの投資です」などと言って出資金を募っているケースです。

たしかに、環境の投資というのは以前からビジネスになるものとしてありましたから、それをＳＤＧｓと称してやっているわけです。たとえば、「二酸化炭素の排出量を減らすように懸命にやっている会社に投資する」といった具合で、「ＳＤＧｓに投資するのはいいことだ」というイメージをつけようとしているわけです。

このように、ＳＤＧｓの裏にはファンドビジネスの影が見えることもあって、私としては、

「本当かなあ」などと思ってしまうのです。
投資ビジネスを美化することは、原子力発電所や再生エネルギーの関係で、結構多く見られ
ます。
「原発再稼働反対」などと謳って、「うちはクリーンエネルギーの電気しか使っていません」
などと言ったりするのですが、これはもう、明らかなウソです。風力や太陽光など自然エネル
ギーによって完全な自家発電をしないかぎり、原発でつくった電気が混ざっているかどうかは
絶対にわかりません。しかしながら、そういった話は多く見られます。

さらに、SDGsを見ていて思うのは、政府機関もこれをいいこととして、カムフラージュ
に使っていることです。

これは、あくまでも私の個人的な感想ですが、年金を運用するGPIF（年金積立金管理運用
独立行政法人）なども、「GPIFはSDGsに属しています」と言ってファンド運用ビジネス
を美化しているように見受けられます。そう言っておけば、以前に株式で大きな損失を出して
叩かれたことがありましたが、そんなときにも、「損したとはいえ、SDGsに即した環境に
いい投資だから」などと言って、少しでも批判を逸《そ》らせようとの意図があるように感じられる
のです。

日本国内では、そういう美化のためにSDGsという題目が使われていて、金融機関も、

「このファンド運用はきれいなものだ」という印象をばらまいている感じがします。

そもそも、ＳＤＧｓは２０１５年の国連サミットで採択されたものでした。ＳＤＧｓがすばらしいものだと言うのなら、そのときから始めればよかったのです。

それが、日本では5年以上が過ぎてから言われるようになったというあたりを見ても、やはりどこか素直には受け入れがたいように感じてしまうのです。

「外資系投資銀行が中小企業を破壊」のウソ

２０２1年7月、アメリカの投資銀行最大手であるゴールドマン・サックスが日本で銀行免許を取得したことがわかりました。

これについて、「ゴールドマン・サックスは日本の中小企業を根こそぎにしてしまう」といった話をする人がいるようです。

これもまた、いわゆる陰謀論の類いの話です。

世界の流れを見れば、決してそういうことではないとわかります。

ゴールドマン・サックスは投資銀行と言われますが、日本の法律上には、この投資銀行という概念はありません。

そのため、ゴールドマン・サックスは日本において、これまで銀行ではなく証券会社として扱われてきました。

アメリカでは投資銀行の銀行業に関する制度があるので、ゴールドマン・サックス・バンクという銀行が存在しています。投資銀行とは銀行と証券会社が両方でワンセットになったものです。

そして、日本ではそれがなかったから、これを新たにつくったというだけの話なのです。じつはイギリスにも日本と似たような制度があったため、ゴールドマン・サックスはイギリスでも同じようなバンキングをつくってやっています。

では、なぜ日本でこれをつくったのかと言えば、それはアメリカ、イギリス、日本という世界戦略のなかでの話なのです。

ゴールドマン・サックスが日本でどのような銀行業をするのかと言えば、「トランザクションバンキング」というタイプのサービスを提供することは明らかです。

トランザクションとは「取引」の意味です。

トランザクションバンキングと対《つい》をなす概念としては、リレーションバンキングということになります。リレーションというのは、「対面的な」とか、「相手の顔を見ながらやる」といった、要はこれまでの日本の銀行のやり方です。企業の経営者の顔を見ながら取引するタイプのやり方になります。

トランザクションバンキングは、それとまったく対極のもので、ＡＩ（人工知能）を使っていろいろなデータを駆使して行うタイプのバンキングです。両者はまったく性質が異なるのです。もちろん、日本の中小企業はトランザクションバンキングなど絶対にやりません。リレーションバンキングしかやりません。両者は同じ銀行と言っても、まったく手法が異なるのです。だから、日本の中小企業にゴールドマン・サックスがかかわってくることも、まずありません。

業務の対象にしているのは世界戦略のようなことをやっている大企業で、そこにトランザクションバンキングのサービスを提供するのが、ゴールドマン・サックスの日本での戦略になります。

日本の中小企業に対しては取引の内容がまったく異なります。日本の中小企業はリレーションバンキングばかりですから、その点においては信用組合や信用金庫が非常に強いのです。仮にゴールドマン・サックスがそこに対抗してリレーションバンキングをやろうとしても、おそらく勝てないでしょう。

ゴールドマン・サックスが日本で銀行免許を取ったのは事実ですが、これはイギリスでも取ったし、日本でも取ったという世界戦略のなかでのことで、その世界戦略においてはトランザクションバンキングをやるということを、はっきり言っています。

だから、日本の中小企業がこれに食いつぶされるなどというのは、まったくのデタラメの陰謀論にすぎません。

２０２１年11月に施行される予定の銀行法改正についても、「銀行が出資できるようになるから、それで中小企業を食いものにするのではないか」と言う人がいるのですが、はっきり言ってしまうと、中小企業は地域の信用金庫や信用組合とのかかわり合いが強いのです。

だから、このような陰謀論を言うのは、金融のことをあまりにも知らない人だと言えます。

知らない人が言っていることでも、知らない人が聞けば「へー」と思ってしまうのでしょうが、プロフェッショナルの世界から見ると、本当に荒唐無稽です。

外資は郵貯を買えないし、日銀も支配できない

こういった話はたくさんあって、郵政民営化の際にも、「アメリカの外資が来て日本の郵貯を買っていく」と言った人がたくさんいました。

そもそもの話をすれば、郵政のような、世界的に見れば中小企業程度のところをアメリカの外資が買ったところで大した利益にもなりません。日本は英語も通じないようなところですから、そこを買っても苦労多くて実り少なしとなるだけですから、まず買いません。

また、日本の郵便貯金が民営化されるときに銀行ライセンスが与えられたわけですが、銀行ライセンスを得た際には外資規制というのがあるわけです。外資が株式を5%持ったらどうなるか、20%持ったらどうなるか。50%持ったらどうなるかという3段階規制があって、これは絶対に外資が買えるはずがないのです。

陰謀論が好きな人は、「これは何かの陰謀で、必ず外資が郵貯を買うはずだ」と言い張っていました。しかし、それからもう10年以上がたったいまも、郵貯が買われるようなことは起きていません。現実として、郵貯は外資に売られていないのです。

それなのに、なぜかいまでも「高橋は外資に日本を売り飛ばそうとしているやつらの手先だ」などと言われるのは甚だ心外です。現実に私が言ってきたことは、まったく間違っていないのです。「外資は郵貯を買えないし、買わない」と言って、実際にそのとおりになっているのです。

しかし、陰謀論の人たちが言うことは、いつ、いかなるときも、何ごとに対しても、まったく当たっていません。

日銀の株主についても、「政府以外の誰が株を持っているかわからない」などと陰謀めかした話をする人がいます。「政府以外の謎の株主が、じつは日本を操っている」というふうに匂わせるのですが、現実的にそんなことはありません。

日銀では日本銀行法第9条にもとづいて出資証券というものを発行しています。その法律のなかで、日銀に関するすべての権能は政府にあって、ほかの出資証券を持っている人にはなんの権利もないと書いてあるのです。

出資証券の51%は日本政府が持っていて、それ以下の人はなんの権能もない存在だから、株主として名前が出ていないだけなのです。なんの権利もない人などは、なんの意味もないから書いていないというだけのことです。

そんな名前のない株主が、どうやって日銀を操ることができるのでしょう。株主としての権利権能は日本政府にしかないのです。

普通の株式会社だって、ひとりの株主が51%を持っていたらスーパーパワーを持つことになって、ほかの株主は何もできません。こういう基本的な話なのですが、ほかの人たちがその基本的な話を知らない無知につけ込むかたちのものが、この手の陰謀論には多いのです。

陰謀論は詐欺などでお金を巻き上げるためのひとつの手段にすぎません。陰謀論で本を売るくらいのことならまだ罪は軽いのですが、この手の金融の話は、かなり専門性が高いために、一般の人たちがわからないのをいいことに、陰謀論でちょろまかそうとする人がたくさん出てくるのです。

そういう連中に騙されないよう気をつけたほうがいいでしょう。

第3章

「経済オンチ」が誤解している経済用語の本当の意味［前編］

――経済学的に正しい「経済政策」キーワードの読み方

株価①――「バブルだ」とケチをつける人への反論

２０２１年２月15日、日経平均株価が３万円超えとなったとき、「バブルの再来ではないか」などと否定的な報道が目立ちました。３万円超えは30年ぶりで、バブル最盛期には４万円近くにまでなって（３万８９１５円87銭）、そこから下がっていったのですが、３万円のラインを一気に割って、そこから10年くらいのあいだ、ずっと下がり続けました。

それから、２０００年代はじめごろから徐々に上がり始めたものの、リーマン・ショックもあって、ついに８０００円くらいまで下がって、そこからアベノミクスで戻ってきたというのがバブル以降の株価の動きです。

１９９０年くらいからの10年くらいはバブル崩壊で下がる一方でした。それから２０００年くらいに上がり始めましたが、この動きはアメリカの株価と同調しています。つまり１９９０年からの約10年で灰汁《あく》抜《ぬ》きがされて、それ以降はほぼ同じです。日本の株価が３万円を超えたころには、アメリカもちょうどダウが３万ドルくらいで、日本の３万円の「円」を「ドル」にすると、アメリカの株価とそっくりになる。２０００年のはじめくらいからずっとこのような感じで続いています。その意味では、日本の株価は正常で、バブルでもなんでもありません。

こういうときに、必ず株式に対する社会の偏見が露《あら》わになります。「バブルだ」などと言ってケチをつける人がいますが、それに対する反論は簡単です。「これがバブルだとわかっているなら、あなたは儲けられますね」と言えばいいのです。バブルだとわかっているのなら、今後は株価が下がるわけですから、先物をそのときの価格で売っておけば、下がったときに買い戻すだけで大儲けです。「これから大儲けできますね。頑張ってください」と言えばおしまいです。

しかし、バブルなどと言う人は、そもそもこのようなロジックがわかっていませんから、「儲かりますよ」と言っても、ポカーンとしているだけだったりします。

とくに日本のマスコミは、ケチだけはつけるけれども、ファイナンス論のことがまったくわかっていません。

ファイナンス論とは、もともとの話は数学です。ファイナンス論の基礎をつくったのは伊藤《いとう》清《きよし》さんという日本人で、東大数学科の私の先輩になります。

伊藤さんはこの理論構築によって第1回ガウス賞を受賞しています。ガウス賞とは2006年に制定されて以来、4年に1度、社会の技術的発展と日常生活に対してすぐれた数学的貢献をなした研究者に贈られるものです。伊藤さんの受賞理由は考案した「確率微分方程式」（伊藤の定理）が金融工学および経済学の発展に多大な影響を与えたというものでした。

伊藤さんは私にとって東大数学科の先輩であると同時に大蔵省の先輩でもあります。大蔵省で私より前に東大数学科を出て入った人は3人しかいなくて、その1人が伊藤さんでした。戦前で就職するところがなくて大蔵省に入り、入省後も肌合いが悪いからと、ずっと研究をしていたそうです。そのあいだに戦時中にもかかわらず、すぐれた論文を書いて、世界的な賞を取ったわけです。そのような人がやっている学問ですから、難しいと言えばそうなのですが、株価がどうやって決まってくるかという基本的なところは結構簡単です。半年、1年くらい先の将来の企業の収益の予想を金利で割り算したのが、おおよその株価になるという理論です。

何%かの金利で割るということは、将来の収益は何倍かになるわけです。金利を5%とすると、0・05で割るわけですから、20倍するのと同じです。つまり、将来収益の20倍が株価だという具合です。では、金利が下がるとどうなるかというと、分母が小さくなるから、株価は上がります。だから、異次元の金融緩和によって金利が低いいまの日本で株価が上がるのは当然なのです。

ところが、日本のマスコミは「金利が低いから株価が上がる」と言うと、「金利はずっと低いままだろう」と言うのです。

しかし、そんなことは少し考えればわかることでしょう。

将来収益÷金利の式で分母の金利がずっと同じままなら、分子である将来収益が上がるだろうという予想があるから、株価が上がっているというのが正解です。こういう基本がわからないで、「いまは低金利だから」と言う人は間違っています。そういう人の意見を聞いていてはいけません。

株価②──「実体経済がない」のはあたりまえ

なぜ、株を買うのかと言うと、それは「将来性を見込んで買う」ということしかありません。将来に業績が上がる企業の株を買えば、将来の配当が多くなるから買う。このときに見ているのは、現在ではなく、すごく先のことで、半年から1年くらい先を見て買うのです。

株価が上がるのは投資家たちが「景気は上向きだ」と考えているからです。「カネ余りで、それが株式市場に回っている」などとマスコミは説明しますが、それはあまり関係ありません。

株価が上昇することに対して「実体経済がない」とマスコミが評することがありますが、それは先読みなのですから、あたりまえの話です。現状ではなく将来を見込んで株を買っているのだから、実体経済と対比すれば、だいたいいつもズレるものなのです。

したがって、いまの株価は実体経済の将来図として見ることが正しいのだと言えます。

ズレの期間としては、だいたい半年から1年くらい。つまり、いま株価が上がっているということは、これから半年から1年ほど先に実体経済が上がるサインだと考えられます。

「お金が市場に出回らない」などとも言われますが、そういうことも込みで反映されているのが株価なのです。

「日銀が買っているから株価が上がる」というのも、よくメディアで耳にしますが、日銀が株を買うと決めたのは２０２０年3月のことです。しかし、株価が上がっているのは同年10月からですから、必ずしも連動しているとは言えません。

また、日銀が株式を買うと言ったのは年間６兆円ベースを年間12兆円に上げる、つまり６兆円だけ増やすという話だったのですが、その当時の日本の時価総額がどれくらいあるかというと、７００兆円以上もあるのです。

そんな時価総額のわずか１％にも満たない６兆円程度の額を買い増したところで、株価に大きな影響を与えるはずがありません。この程度の数字の話でわかることなのに、マスコミは「日銀が株価操作をしている」などと陰謀論めいたことを言い続けるのだから、数学オンチもここまでくるとかなりの重症です。

では、なぜ２０２０年10月ごろから株価が上がったのか。安倍総理のとき、同年4～5月に景気対策をドカンと打っていて、その効果が出始めるのがこれからだという予想があったからです。

じつは、景気対策を打った時点で、一部の人たちは株価が上がることを予測していたわけです。その人たちが少しずつ買い増したことで株価が上がっていき、そしてその予想がどんどん実現しそうだからとなって、さらに上がっていったということです。

そうやって、ちょっとずつ先を見て、ほかの人より早く将来を読める人が、株式で儲けることができるのです。お金儲けである以上、そこはえげつない話ですから、読みが当たる人ほど儲かる。先が読めない人は上がっている株価を見て悔しがる。これが真実です。

これに対して、マスコミが株式に関して変なコメントをするのは、先読みが当たらない人間の典型のようなものです。

ちなみに、私は自分の職業倫理上、株式は買っていません。自分が儲けるためにいろいろなことをしゃべっていると言われるのがいやだからです。

役人をやっているときも、じつは大蔵省にはインサイダー情報が山ほどあって、これで株式を購入したらアンフェアで、法律違反になりますから、「買ってはいけない」という内規がありました。それでも、目先の欲から買ってしまって、実際にクビになった役人もいます。

株価③——株取引を「いかがわしい」と言う人々の正体

「投資家が株価に影響をおよぼす」などとも言われますが、700兆円も時価総額があるのだから、かなりの額を扱う大口の機関投資家であっても、ひとりで平均株価を大きく動かすことなどとてもできません。

だから、結局はある一定以上の読みが当たる人たちが買っているというだけの話になります。ただし、読みが当たらなければ持ち株の価値が下がりますから、外れたら外れたなりに、その人たちにはペナルティーがあります。

ここでは簡単に言葉で説明していますが、実際の株式市場においては数学を使う必要があり、そのうえで社会の半年先、1年先を予測していかなければなりませんから、相当に難しく頭を使わなければなりません。その意味で、投資家というのは結構尊敬すべき人たちなのですが、日本では「株式であぶく銭を儲けた」などと言われたりします。

新聞記者などは、とくに株式で儲けることに文句を言いがちなのですが、彼らの頭では無理な学問だというだけのことです。投資家たちは頭の使いどころが違うのです。

日本にも投資をしている人はいっぱいいますが、株式が何か悪者のように言われることも多く見かけます。ベンチャーキャピタルが株式上場で荒稼ぎをすることについても、どこかいかがわしいイメージを持っている人は多いでしょう。

だいたい、日本では株式に関する学校教育をほとんどやっていません。株式は数学の勉強としては非常にいいものですから、本当は高校で数列を習うときに応用するにはいい教材なのです。しかし、残念なことに、日本の教員は左巻きが多く、現実に「株式は資本主義の手先だ」などと言う人もいたりして、株式のことを教えようとしません。そもそも、教員たちは数学ができないから教えられないのです。教える能力もないし、教えたくないという人が日本の教育界には多いのだから、これは由々しきことだと思います。

マルクス経済学をかじったような人は、みんなそのような傾向にあります。マル経などというものは経済学ではないということは、世界を相手にしてみればすぐにわかるのですが、学校という狭いところにだけいると、そこに気づかないのです。

日本人の多くが株式の知識に乏しいこともあるのでしょう。日本の株式市場は理論や理屈に合った動きをするし、欧米など他国との比較で割安なこともあって、日本の株式は海外の人が買っている割合がかなり多くなっています。株式の世界に国境はありません。

ただし、そうは言っても、資本主義でなければ無理な話で、中国の株式ははっきり言って株式ではありません。政府が堂々と市場介入するのだから、まともな投資対象になりえません。

普通の資本主義国であれば、株式市場は資本主義の鏡ですから、どの国も力を入れてしっかり整えています。だから、株式市場を悪く言う人はだいたいが左巻きです。現実とかけ離れたとんでもないことしか言わず、それでいて、そんな意見が平気でメディアに流されているいまの日本は、やはり問題です。

「株価は上がっても、庶民の景気は悪いままだ」といったこともよく言われます。しかし、それは株価が上がったときに、たとえば年金の財源の話であるとか、機関投資家や銀行などが儲かることで、間接的に恩恵を受けているのに、それがわからずに言っているだけです。直接儲けたいのであれば、自分で株式を持てばいいのですから、これはおかしなもの言いです。

サラリーマンも自社の株価が上がれば業績も上がります。そのとき労働者より先に利益を受けられるのは株主です。ただし、株主は先に利益分配に与《あずか》りますが、逆に株価が下がれば最初に被害を受けることにもなります。労働者は景気に左右されにくい安全なところにいるのですから、それで好景気のときだけ利益分配に与りたいというのは、たんに都合がいいだけの、おかしな話です。

株価④――日米の株価が連動するメカニズム

アメリカの株価が上がると日本でも上がり、アメリカで下がると日本も下がるのはなぜか。この理由を知ることは株式や金融の取引において参考になるでしょう。

これについては裁定取引といって、「こちらを買うときには、こちらを買う」という取引が関係しています。多くの投資家は日本株とアメリカ株の両方を見ていて、うまく利益を出すためには、じつは双方で同じような収益を目指したほうがいいのです。

それで、アメリカの株がいまより上がったとすると、日本の株は割安になります。そうすると、今度は「日本株が割安だから」と、そこにお金が流れて、日本の株が買われて株価が上がることになります。日米の株価が連動しているように見えるのは、そういったメカニズムがつねに働いているためなのです。これは株式だけの話ではなく、いろいろな通貨でも並行的に上がったり下がったりするのはよくあることです。

つまり、これはいくつかの市場で同じような収益率を上げたくなるという投資家の思惑が表に出た結果の話なのです。そのようなことを、みんながやろうと思ったときには、日本株が割安になった途端にいろいろな人が買うようになる。そういった投資家の思惑が働くから、日米両方の株価が似たように上がることになるわけです。

日米にかぎらず、どの国でもだいたいがそうなっています。国際的な分散投資をやっている投資家は、日本株、ヨーロッパ株、アメリカ株とすべてを見ているわけで、そうすると、それぞれがちょっと割安になったからといって、割安なほうに資金を持っていく。その結果として、世界で同時的に株価が上がったり、下がったりすることになるのです。

とくに国際金融取引といって全世界的に分散投資をしている人が多くなればなるほど、みんな似たような動きになります。それを知っていると、たとえばアメリカ株の取引があって、そのあとに日本株の取引があるから、そのときにアメリカ株と連動しているのだから、日本株の最初の取引価格というのがだいたいわかることになります。

じつはアメリカにも日経平均みたいなものが先物上場していて、そこからでも取引ができるのですが、アメリカ株がある程度上がったら、次は日本株も上がると予測できるのです。みんなそういうふうに考えながら取引をしているわけです。

収益率をどの国でも同じにしたほうが全体の収益率も高まるというのは、実際に取引をしないと実感としてわからないかもしれません。しかし、現実にそうなっているため、収益率の低い割安のものは余計に多く買うという行動が働くわけです。日本株、アメリカ株、ヨーロッパ株と三つ持っていたとして、日本株だけちょっと割安だったら余計に買ったほうが最終的には儲かるという、そのような投資行動から起こってくる話なのです。

機関投資家などでは、日本株だけに投資する人はいなくて、アメリカ株もヨーロッパ株もたくさん持っていて、そうやっていろいろなものを持っているほうが、じつは安全なのです。このように金融商品を組み合わせたものをポートフォリオと言い、多くの投資家は、それをもとにして資産運用をしているのです。

そして、おもしろいことに、そうやっていろいろな金融資産を持ってリスクを分散しているようでいて、じつはみんなが同じような行動をしているわけです。それでも、ひとつ持っているよりたくさん持っているほうが安全で、それぞれの株で収益率がいちばんよくなるようにやると、結果的にはどれも同じような収益率になるように持つことが、投資戦略としてはベストなのだという理論があるのです。

金利①——短期金利は日銀が、長期金利は市場が決める

金利には大きく分けて「短期金利」と「長期金利」の2種類があります。

短期金利とは、期間1年以内の金利のことで、これは日本においては基本的に日銀が決めています。日銀が「こういう金利でやります」と言えば、だいたいはそうなります。

なぜ、日銀が金利を決められるかと言うと、日銀にはお金が無制限にあるからです。お金を出したり引き上げたりができるので、短期金利はそのときの需給で決まります。そういう意味で、「日本の短期金利は日銀がだいたい決めている」と言えるわけです。

これに対して、長期金利は10年金利です。この10年金利がどのように決まるかと言うと、「1年金利」「1年後の1年金利」「2年後の1年金利」「3年後の1年金利」……「9年後の1年金利」と予測して、この短期金利の平均が10年金利となります。

いまの短期金利の平均ではなく、将来の短期金利の平均になるというのが長期金利の決まり方です。

将来の短期金利が上がると市場が予測すれば、長期金利は上がることになります。今年より来年、来年より再来年と1年金利が上がっていけば、その10年間の1年金利を平均すると、10年金利は上がることになるわけです。

マーケットのいろいろな人の予想があって、これから短期金利が上がっていくと予想する人と、そうじゃないと言う人がいるなかで、どちらが大勢になるかによって10年金利が決まっていく。つまり、株式市場のように、いろいろな人が取引した結果として、長期金利は決まるのです。

言い方を変えれば、日銀がこれからどうやって金利を決めていくかの予想によって長期金利が決まるということです。

長期金利の金融商品には、たとえば10年国債があります。10年国債をいろいろな人が取引して、その結果として長期金利が上がったり下がったりするわけです。そういう意味で、長期金利は株式とそっくりなのです。

一方の短期金利は、そういった取引がありませんから、日銀の意向でだいたい決まります。だから、同じ金利と言っても、短期金利と長期金利では、ちょっと世界が違うのです。

先ほどの株の話で言うと、割り算する金利は、基本的には長期金利になります。

短期金利だったら、日銀によってほとんどが決まってしまいます。もちろん、日銀の動きがなければ、長期金利はあまり動かないのですが、どのように動くかと予想をしながら長期金利は決まっていきます。

では、日銀がどうやって短期金利を決めているかと言うと、じつはインフレ率の予想などによって決めています。だから、究極的に言うと、インフレ率がどうなるかによって日銀の金利が決まってきて、その後の動きを予想することで、長期金利が決まるというのが正しい言い方になります。

マーケットは、このように頭をいろいろ使って、ロジカルに理解しないとできないから、なかなか難しいのです。

金利②――利息とは基本的に「数式の世界」である

これから数年の話をしますと、一般的にはインフレ率が高まっていきますから、日銀はあまりインフレ率が高まらないようにということで、短期金利をちょっとずつ上げていくでしょう。金利を上げていくと、経済活動を少し縮小させ、インフレ率が高まりにくくなるのです。

このところは、コロナ禍でドーンと需要が落っこちてしまって、モノの価格が下がっていました。しかし、社会がコロナ禍から回復していくと、だんだんインフレで価格が上がって、インフレ目標としている2%以上になってくると、日銀なり、ほかの中央銀行がこれを抑制するために金利を上げていく。

だから、将来にわたっては、おそらく短期金利を上げていくだろうと予想ができて、そうすると、長期金利は上がることになるでしょう。

住宅ローンの金利は長期金利に決まっています。だから、住宅ローンの金利は、これから上がる可能性がある。

いま書いたようなことは、すべて「読み」の話ですが、長期金利も株式と一緒で、将来の読みでだいたい決まります。

　また、自分がいくら正しい読みをしたと思っていても、それが大勢の読みと似ているかどうかが重要で、ほかの人たちとまったく違うふうに読んでしまう人もいるわけです。だから、世の中の大勢の読みと自分自身の読みを別に加味して考えなければいけません。

　インフレ率が高くなりそうだから、中央銀行が利上げして、ちょっと経済を抑えるだろうと読むと長期金利は上がっていきますから、それに連動した住宅ローンも上がっていく可能性が高くなります。

　だから、ローンの借り換えをするときに、固定と変動で、いまが安いからといって変動を選ぶと、大変なことになるかもしれません。固定だったらずっと同じですが、コロナ禍が終息して経済活動がさかんになれば、インフレ率が上がりそうだと読むと、長期金利は上がることになるでしょう。長期金利は読みがすべてで、自分の読みと世間の読みがズレているときもあるから、世間が予想するであろう標準的なところを読むことがポイントです。

　日本で長いあいだ低金利が続いたのも「インフレ率が高くならないだろう」との予想のもとに、日銀があまり短期金利を上げないだろうとの予測があったからです。そうすると、長期金利は上がりません。どちらかと言えば下がっていきました。

　日銀はデフレからなかなか脱却できないと考えて簡単に金利を上げず、どちらかと言うと下げていくだろうと読めば、長期金利は下がります。

いま、長期金利が上がっているのだとすれば、みんながなんとなくデフレ脱却を感じているのかもしれません。コロナ禍が終息すれば、ちょっとはインフレになりそうだなと思うのは間違いなく、そのレベルでは長期金利も少しは上がるでしょう。

各国の長期金利の上がり具合を見ているとなかなかおもしろくて、欧米でワクチン接種が始まったころは、日本の長期金利はちょっとしか上がりませんでしたが、アメリカやイギリスなどはビュンと上がっていました。そこには、アメリカやイギリスは日本より先にコロナ禍の終息で景気がよくなりそうだとの予想があるわけです。

ただし、そうした予測を感覚だけでやるのはダメで、こういったものを予測するには数学がないと無理です。利息とは基本的に数式の世界なのです。

金利③——安いときに変動金利を選ぶのは危険

変動金利と固定金利の違いと言うときに、「確実にどちらかが得になる」という話はありません。

ただし、今後、普通の経済状況が続くと仮定したときには、どちらがより利払いが少なくなるかということくらいは言えます。

しかし、それは確実ではありませんし、普通の経済状況を仮定しての話ですから、その仮定が崩れれば、予測も崩れるかもしれません。

そのうえで言うと、まず間違いないのが、固定金利は、過去何十年間でいちばん低いということです。いちばん低いということは、それより低い固定金利は出にくいということでもあります。

固定金利が高くなったときには変動金利も高くなります。

そして、固定金利は一度決まれば、将来にわたってずっと同じということです。

しかし、将来の固定金利は、いまとは違っている可能性があります。いまが歴史的にいちばん低い固定金利ということは、将来の固定金利はいまより高い可能性があります。

そうすると、将来の変動金利も、固定金利の上昇に応じて、いまより高くなる可能性があります。

そのように考えれば、「歴史的にもいちばん低いいまの固定金利で契約を結んだほうが得だろう」と推測できます。

いまの変動金利も低いのですが、これは固定金利が低いからであって、将来はどうなるかわかりません。上がる可能性が高いだけに、その意味では固定金利のほうが、たぶんお得になるだろうということです。

デフレの状況になってから、ずっと金利は低いままのイメージがあるかもしれません。たしかに現状はそういうふうになっています。

しかし、それが過去の金利から見たときに異常に低いことは間違いありません。デフレは、すごく先には脱出する可能性がありますから、それで考えると、やっぱりいまは固定金利のほうが将来的に得をするように思われます。

変動金利にしたときに何が困るかというと、将来、景気がよくなったときに金利が上がることです。景気がよくなって金利が上がったときに、自分の収入もそれに応じて上がれば変動金利でも大丈夫なのですが、自分の収入が景気に応じて動くか動かないかはわからないでしょう。世間は景気がいいけれども、自分の会社は景気が悪いこともあるわけです。そういうときに、変動金利の人は金利幅が大きくなって毎月の支払いができなくなってしまいます。それで危なくなる人もいますから、将来を見据えて考えたときには、支払いの予定が立てられるという意味でも、固定金利のほうが安全ではあります。

２０２１年10月時点で変動金利のレートは０・４％くらいですが、景気がよくなれば10％近くにまでなる可能性があります。

バブル景気のころには、変動金利というのはあまりなかったのですが、長期金利は８％くらいありました。だから、このころに変動金利があれば、それよりもう少し高くなっていたはずです。

あと2、3年は低金利の状況が続くかもしれませんが、それから先を考えたときに、変動金利はすごく不利だと思います。

為替①――レートは2国間の経済政策の差で決まる

為替がどのように決まってくるのか。これは国際金融において、きちんとした理論があります。同じ金融取引ということで、株式とどこが違うのかわからない人がいるかもしれませんが、これはまったく異なっています。

為替とはそもそも何かと言うと、2国間の通貨の交換比率のことを言います。「1ドル何円です」と言ったら、1ドルをその何円かと交換できるという意味です。そうすると、二つの通貨の交換比率ですから、ざっくり考えれば、どれくらいに落ち着きそうかというのが直感のある人はわかります。

日米の通貨と言えば円とドルです。もし円の総額とドルの総額がわかれば、交換比率ですから、その二つを割り算すれば、だいたいそこに落ち着くだろうとわかります。普通の人は円の総額やドルの総額などはわからないと思うでしょうが、これが正しいということは国際金融の理論で、長期的にという意味で、おおよそ証明されています。

円の総額を分子に、ドルの総額を分母にして割り算すれば、1ドルいくらという為替レートになりそうと思ったのなら、それは正解で、もうちょっと先の予想があれば、為替レートのことはバッチリわかります。

金融緩和をすれば総額が変わるわけですから、それで為替が変わることもわかるでしょう。円の総額、ドルの総額については出されている統計でわかります。

ざっくり言うと、円の総額が500兆円。ドルの総額は4兆ドルより少し上です。これを割り算すれば、500兆÷4兆で120となります。そして、実際の為替レートも、これと似た数字の1ドル120円あたりになっています。

では、円やドルの総額は、どのように変化するのか。アメリカが金融緩和をするということは、ドルの総額を増やすことと同じです。金融政策というのは、お金の量を減らしたり、増やしたりすることで、金融緩和をするということは、モノに対してお金の量を増やすという意味です。

日本の円の総量も、金融政策で増やしたり減らしたりできます。為替レートは円の総額を分子にして、ドルの総額を分母にして割り算すればわかりますから、これを言い換えれば、「為替レートは2国間の金融政策の差で決まる」という言い方になります。

日本で金融緩和をすれば、分子が大きくなります。それで、もしアメリカが金融緩和をしなければ、分母は同じままだから、割り算で出てくる数字は大きくなります。つまり、円安になるわけです。

もう少し違う言い方をすれば、日本がより金融緩和をすれば、日本の円だけが増え、アメリカのドルがあまり増えない状況になります。そうすると、円のほうがドルに比べて相対的に多くなるはずです。相対的に多くなったものは、価値が下がりますから、それで円安になるわけです。

為替で円高、円安というのは、これくらい簡単な話なのですが、それをテレビでは、ああでもない、こうでもないと言っていて、経済がわからないマスコミの人間が説明すると、そのようなことになってしまうのです。

日本の金融政策をアメリカを見ながら合わせていくと、為替はあまり動きません。為替が動くか、動かないかで言えば、安定している分、動かないほうがいい。だから、いろいろな国のインフレ目標はそれぞれ似ています。インフレ目標が出たら、それ以降の金融政策はそれほど変わりません。だから、インフレ目標というのは重要なのです。インフレ目標は経済政策を数値化しているものですから、それが似ていたら、為替はあまり動きません。

民主党政権時代にものすごく円高になったのは、アメリカが金融緩和をしているときに、日銀がなぜか頑張って金融緩和をしなかったためです。そうすると、日本の円はアメリカのドルに比べて相対的にすごく少なくなって、価値が上がって円高になったのです。日銀はそれがいいと思ってやっていたのでしょうが、私にはとても理解ができません。

とにかく、為替の理屈は簡単ですから、円高、円安の予測は1年、2年ズレることはあっても、長い目で見ればだいたい当たります。逆に言うと、為替についていろいろなことを言っている人のほとんどは間違っています。

このときに、3年くらい先のことであれば、だいたいの為替レートがわかります。3年先であれば、各国のインフレ目標がありますから、それを守っていればあまりブレることがないので、円やドルの動きも予測がつくからです。

しかし、明日の話や3カ月先の話といった短期のことは、はっきりとはわかりません。

為替②——FXを確実に当てることは絶対にできない

だから、FX（外国為替証拠金取引）など短期の取引の説明ばかりする人はウソをついていると思っていいでしょう。短期の為替の話は、サイコロを振ってその目を予想するような話で、確実に当てることなどは絶対にできません。FXで長いあいだ勝ち続けられるというのは無理なのです。完全に博打《ばくち》の類いですから、そんな話を信じて投資などしていたら、本当に騙されてしまいます。

これらの話は国際金融と為替の投資家のあいだでは常識のことです。

ドル建て預金など海外の為替に依存した利息が高いものがありますが、これは利息が高くなっても為替が高い分が相殺されますから、じつはまったく意味がありません。金利は金融政策の結果です。通貨の量の比率と密接な関係があって、そういうところまですべて織り込んだうえでの金利差ですから、そんなものはなんの意味もありません。為替の常識と照らせば長期的には変わらないのです。

つまり、「海外預金がお得です」というのもウソなのです。短期の為替取引やドル預金について説明している人は、何かウソをついていると心得ておいたほうがいいでしょう。

こういう理論を知っている人間からすると、「国債で為替を外国人投資家が買ってどうこう」というような実情とかかわりのない話がたくさんあって、正しい知識がなければ騙されてしまいます。

逆に言うと、簡単なことを理解できていない人がFXなど短期投資の業界には多いのでしょう。テレビに出てくる人というのは、ほとんどがウソ八百ばかり言っています。

だいたい、金融業界の人は他人をちょろまかして自分が儲けようとする人が多いので、そういうものだと思っておいたほうがいいでしょう。本当においしい話があるのなら、お客に言わないで自分でやります。彼らは、とりあえずウソをついておいて、その結果がどちらに振れようと、手数料が取れさえすればいいのです。そういう人が金融界には多いので、お金持ちの人は、くれぐれも騙されないよう気をつけてください。

国債①——「国の借金」のほとんどは日銀が持っている

日銀が政府の発行した国債を買い取っても、それで政府の借金が消えるということではありません。借金は借金として残ります。しかし、借金の何が大変かと言うと、利払いをするから大変なのですが、日銀が国債を買い取ることで、その利払いは事実上なくなります。

政府が国債を発行するというのは借金をするのと同じ意味なのですが、このときには、国債を持っている人には利払いをしなければいけません。

では、その国債を日銀が持っていたらどうなるかと言うと、政府は日銀に対しても利払いをします。ただし、政府は日銀の出資証券を51%持っていますから、実質的に日銀は政府の子会社ということになります。

日銀がどうやって国債を買うかと言うと、お札を刷って、その刷ったお札で国債を買っているわけです。お札はタダで刷れますから、それによって買い取った国債の利息は、すべて日銀の収益になります。そして、日銀の収益は100%、日銀納付金というかたちで政府が取ることができます。それが政府の子会社という意味です。

民間でも、どこかの子会社であれば、収益はすべて親会社に取られるのが普通です。日銀納付金は制度として、きちんと日本銀行法という法律に定められています。したがって、政府が利払いをしても、そのすべてを納付金として取れるから、その意味で日銀が持っている国債については、まったく利払いをする必要がないということになるのです。

元金については、普通は現金を払うことで償還するわけですが、政府は子会社である日銀に対して現金を払う必要もありません。償還の期日が来れば、現金の代わりに国債を渡せばいい。言うなれば借金の100%を借り換えできるわけです。

だから、政府は10年で国債の償還の期日が来たら国債で償還するということを、ずっと永遠に繰り返すだけです。新しく発行した国債も、日銀がそれを買ったときには同じことが繰り返されるのです。

日本政府の借金が大変だとメディアなどは言いますが、このときには日銀が持っている借金を明示せず、「借金全体で1000兆円あります」という言い方をします。しかし、1000兆円のうちの半分、500兆円くらいは日銀が持っているのです。つまり、1000兆円の借金のうち500兆円は、償還もしなければ利払いもありません。そうして見ると、政府の借金がまったく大した話でないとわかります。

民間から500兆円の借金をしていることは事実ですが、政府はその一方で600兆円の金融資産を持っています。財務省は絶対にそのことは言いませんが、これはバランスシート（貸借対照表）をつくれば明らかです。

民間が持っている国債は利払いが発生しますが、同様に金融資産も収益があります。金融資産を売却することは簡単ではありませんが、利息は入ってきて、その額は国債の利払いと同じくらいです。これらをトータルして考えれば、じつは少し儲かっているというのが本当のところなのです。

財務省がどんなに屁理屈《へりくつ》を並べたところで財政に問題がないという事実は動かしようがありません。ものすごい黒字ということはないにしても、ほぼトントンです。

日本政府が発行した国債1000兆円のうち500兆円を日銀が持っていて、もう半分の500兆円は金融機関などの民間が持っています。外国人はほとんど持っていませんが、たとえ外国人がいたところで、500兆円くらいであれば、大きな問題とはなりえません。

国債②――「国債市場が崩壊すると円が暴落」のデタラメ

「国債を日銀が引き受け続けて、その保有割合が大きくなれば、国債市場が崩壊して国際的な信用を失い、円や株式の暴落も招くことになる」などと言う人もいます。

しかし、第14代FRB議長で、プリンストン大学では私の先生だったバーナンキは、「日銀がずっと国債を買っていけば、最後は日銀が1000兆円の国債すべてを保有することになるのではないか」と言いました。理論的にはそれもありうる話で、そうすれば、もう日本国の財政問題はなくなります。財政問題がなくなれば、国際的信用は当然高まることになります。

このときに国債市場がなくなるのは事実ですが、では、国債市場がなくなったときにいったい誰が困るのか。銀行のディーラーで国債を売り買いしている人は仕事がなくなってクビを切られるかもしれません。しかし、世界には国債がない国もあって、ヨーロッパではドイツのように財政再建に精を出して国債がかなり減っているところもあります。

国債はなくなっても、民間市場には株式や社債があるから、そこで稼げばいいわけで、国債がなくても別に構いはしません。ただし、国債は便利な金融商品なので、社債との交換にも、株式との交換にも使えますから、それがないと、金融取引はやや面倒になります。

「財政再建しないと円が暴落する」などと言う人もいますが、そういうことを言う人は、その同じ口で「完全に財政再建したら国債が暴落する」と言うのです。いったい何を考えているのでしょうか。

国債をものすごく大量に発行して日銀に引き受けさせ、それで税金をなしにする「無税国家」も頭のなかで考えるだけなら可能かもしれません。しかし、税金の分だけ国債を発行したケースについて実際に計算をしてみると、そのときには何十%ものインフレになってしまいます。したがって、そのようなおいしい話は、ほぼ起こりえません。

国債発行によって、無税とまではいかなくても、税金を減らすことはできるのではないかと考えるかもしれませんが、それも実際にはほとんどできません。

国債発行による減税は物価の状況に依存するのですが、このたびのコロナ禍のように、消費がなくなれば物価が下がるから、できるかもしれません。しかし、ノーマルな状況になればなかなかできることではなく、おそらくインフレ率は目標の2%ではなく5%や10%になるでしょう。

ちなみに、社会全体が耐えられるインフレ率としては、せいぜい4%くらいだと一般的に言われています。緊急時に国債を大量に発行しても、経済がノーマルの状態になれば、すぐにインフレ率が上がってしまいますから、「国債で無税」というような話は夢物語にすぎません。

国の借金①——なぜ、「負債」だけ見て「資産」を見ないのか？

財務省の発表によると、2021年6月末に国の借金が過去最高を更新して1220兆6368億円にまでなったと言います。

国の借金の問題がマスコミにおいて、まるで一大事であるかのように取り上げられるのは、マスコミが財務省がまいた餌を定期的に食っているだけの話にすぎません。

国の借金のデータというのは3カ月に1回ずつ発表されます。

これについてのニュースは、新聞やテレビのマスコミでは、ほとんどの場合、新人記者が担当します。「国の借金がいくらだ」というのは定型的で、前の原稿から数字を変えるだけで、ほとんど同じものができあがりますし、ちゃんと記者会見用の資料もあって原稿を書きやすいから、新人の練習用にはちょうどいいのです。

だからこそ、何回も何回も同じように「国の借金問題」がメディアで取り上げられることになるわけです。

私は大蔵省にいたときに記者会見用の資料をつくっていました。そうすると、メディアはその資料のまま報じます。新人が担当だから、追加取材をするなどの気の利いたこともなく、完璧なコピペ記事ができあがります。それが3カ月に1回ずつあって、そうやって財務省や金融庁の記者クラブである財政研究会（通称・財研）に対する餌づけが行われているというのが実態です。

餌をまきに行くと、みんなワーッとハトみたいに集まってきて、パクッと食らい込んで、そのまま記事になるのです。つまり、国の借金の発表は、メディア側からすると新人の練習であり、役所から見れば餌づけの訓練なのです。

メディアとしては財務省が言う「国の借金」を信じているとか信じていないとかいう話ではなく、財務省から3カ月に1回与えられる餌を食べているというだけです。

国の借金は事実としてあります。私もこの借金の数字を否定したことはありません。ただし、会社の財務状況を見るときも同じですが、バランスシートには右側に借金が書いてあって、左側には資産が書いてあります。そして、会社の財務状況を見るためには、その両方に書いてある内容を見なければ、本当のところはわかりません。

しかし、財務省は右側の借金の数字だけを発表するのです。右側の数字はウソではありませんが、それは財務状況の一部分しか見ていないわけです。

メディアとしては資産についても調べて財務の実態を伝える記事を書くこともできるでしょう。しかし、そんなことを書けば、次から財務省に餌をもらえなくなるかもしれません。だから、余計なことは書きませんし、そもそも新人は教わっていないとそんなことはわかりません。

そうやって餌を食わされている新聞の記事を読む読者もまた、財務省に餌を食わされているのと一緒ということになります。

バランスシートをちゃんと見ればいいだけの話なのですが、資産のほうは3カ月に1回の頻度では出すことができませんし、財務省も資産のことは何も言いません。

たとえば、民間の大手企業の資産としては本社ビルなどの土地、建物もありますが、多くは子会社の株式になります。これを政府に当てはめてみると、子会社というのは独立行政法人や特殊法人にあたります。そして、それらに対する貸付金や出資金が資産として計上されることになります。

そのような資産をずーっとたどっていけば、政府の出資先がわかります。どこの民間の会社でも子会社の一覧表があるように、政府も本当であれば、そういうものを発表しなければいけません。しかし、独立行政法人などの一覧表をつくったときには、それはみんな役人たちの天下り先になるわけですから、これはなかなか公表したがりません。

マスコミも、「借金だけでは変だから、資産も同じように調べたい」と言えば、財務省としても出資先の一覧表を出さざるをえないでしょう。それで一覧表とともにそれぞれの役員のリストを要求すれば、みんな天下りしていることがわかるでしょう。メディアが要求すれば出せないということはありえませんから、そういう記事を書けばいいと、私がマスコミであれば思います。しかし、現実には餌をもらっている立場だから、それ以上のことは言えません。

さらに言えば、財務諸表とバランスシートが読めないことには政府の財政に関する記事は書けませんから、そういう基礎教育を受けていないマスコミの人が書けないという実力的な問題もあります。

財務諸表もバランスシートも、正確に読もうとすると結構大変で、記事にするくらいに本格的に調べるのであれば、公認会計士を何人か雇わないことには難しい。校閲するにも一定の会計知識がないと無理でしょう。

しかも、そこまで手をかけてやったところで、それで財務省からの餌が少なくなったらマスコミは困りますから、それよりは普通に餌を食べているほうが楽でいいという話になっているわけです。

国の借金②——私が作成した「日本政府のバランスシート」

「民は由《よ》らしむべし、知らしむべからず」という『論語《ろんご》』の言葉があります。

「為政者は人民を施政に従わせればいいのであり、その道理を人民にわからせる必要はない」

という意味です。これと同様に、為政者に依存させるだけさせておいて、あまり情報は与えないことが人民統治の基本だという考え方が財務省にはあるのです。

政府の財務のバランスシートは、財務省がまだ大蔵省だった1994年に私が最初につくりました。そのときには大蔵省のみんなが「そんなものはつくるな」と言って反対しました。財務の中身がバレるのがいやだからです。そのため、バランスシートをつくったあとも「外に出すな。しゃべるな」とずっと言われていました。そのため、2004年くらいまでは、そういうものがあることを、ずっと黙っていました。

そのころに増税の話が出てきて、小泉総理が「借金が大変だ」と言っているから、私は、「いや、バランスシートを見てください。資産がこれだけあります」とバランスシートを見せました。そうすると、みんなが驚いて、「こんなにいいものがあるなら、早く出せ」と言われて、それから公表されるようになったのです。

そのときに、財務省から来ていた秘書官は、私に対して本当に怒っていました。小泉さんの前では怒れないから、あとで「髙橋、何を言ってるんだ、バカ野郎！」と怒鳴り声で電話がかかってきたものです。

それでも、小泉さんが出せと言ったことで、その後は出されるようになりました。出てはいますが、マスコミは自分では読めないから、財務省に説明を求めることになります。しかし、財務省は自分たちが不利になるようなことは教えませんから、マスコミはこれに関する記事をずーっと書けないままです。餌を与えられている人間はそんなものです。

マスコミが不勉強で会計知識がないままだから、財務省は安泰です。

ＩＭＦ（国際通貨基金）などは、そういう分析もしているのですが、日本国内ではさっぱりで、これに関して国内で話をするのは、ほとんど私だけです。

財務省も、海外に向けては「日本は破綻しません」と説明するためにときどきバランスシートを持ち出しています。海外が相手になると、きちんとしたバランスシートがないことには説明できませんから、英語のものもきちんと用意しています。

きちんと説明しないことには日本の国債も買ってもらえませんから、投資家向けの会などでも本当のところを説明しています。しかし、あまりオープンになってしまっては増税案も持ち出しにくくなってしまいますから、財務省は必要以外のところでは積極的には言わないし、マスコミも知識がないから報道できないという状態が続いています。

増税の話が出てもバランスシートを見せて、「財務状況は悪くないから増税は必要ないです」と説明したら終わりなのですが、そういった報道が、いまの日本の大手マスコミでなされることは、まずありません。

税収①――コロナ禍でも税収がアップしている要因

２０２１年７月に財務省が発表した２０２０年度の税収が前年比４・１％増の60兆８２１６億円で過去最高となりました。

これが良いニュースか、悪いニュースかと言えば、間違いなく良いニュースです。

じつは財務省が毎月公表している「租税及び印紙収入、収入額調」というものがあって、それを見れば、「毎月の税収がこれだけありました」ということはわかります。

だから、これをちゃんと読んでいれば、マスコミの人たちも、２０２０年度の税収がどれくらいで、どのような傾向があったのかもわかったはずですが、きっと見ていないのでしょう。

そのため、税収増の理由も分析できずに、「コロナ禍で、なぜ？」みたいな記事ばかりが並ぶことになるのです。

このときに財務省が発表した前年度の税収は２０２０年４月から２０２１年３月までの期間のものを言います。その間の月々の税収を見ていればわかるのですが、ちょっと複雑なところもあります。じつは２０２０年度というときに、収入としては２０２１年４月と５月の分は「出納整理期間」といって、そこで入ってきた税収も２０２０年度に入れるのです。

それで、5月31日までの税収を計算して、本来なら統計が出るのは6月末か7月の頭になります。しかし、このときの発表は7月に入ってから約1週間後の7月6日でした。

おそらく、財務省としても、この数字は意外なものだったのでしょう。発表が遅れたのは、本当にこれに間違いがないかを慎重にチェックしていたからだろうと思います。

4月までについても少し上振れの傾向はあったわけですが、5月分の上振れがすごく大きく、それが過去最高の税収につながりました。

5月分が大きいとはどういうことかと言うと、理由は簡単で、3月決算の企業があって、この法人税収がすごく大きかったのです。では、財務省としては、本当のところ、どれだけの税収を見込んでいたかというのがポイントとなります。

2020年12月の補正予算のとき、財務省は最終的な税収の見積もりを出すのですが、それは55兆円くらいでした。だから、2021年5月の税収では6兆円近い数字の上振れがあったわけです。前年12月に見込んでいた数字とこれだけ違ったことに、みんな驚いたはずです。

では、上振れの要因はなんだったのかと言うと、分析してみれば、これも簡単な話です。

上振れしたのがどういう税収だったのかと言うと、所得税はほとんど上振れしていません。法人税は4兆円近く上振れしていて、あとは消費税が1兆円ほど上振れしていました。

これには要因があって、3月決算の企業には大企業が多く、それらの業績が好調だったことが税収増につながりました。

テレビなどはコロナ不況とばかり言いますから、業績好調と言ってもピンとこないかもしれません。しかし、これは3カ月おきに発表されている日銀短観にも出ていることで、2021年4月1日の日銀短観を見ると、「大企業の業績がいい」となっています。

飲食関係は悪いのですが、大企業は巣ごもり需要など、いろいろな需要を引っ張り上げていたのです。もちろん、世界経済がよくなっていることもあって、大企業は対外的な進出をしていますから、輸出なども好調でした。

国内でも、大企業関連のところはそれほど悪くなくて、菅義偉政権による景気対策や補助金の効果も大企業のほうから出始めています。それに加えて、ワクチン接種が進むことの見込みもあって、急速に業績が回復していたのは事実なのです。

税収②——消費が落ち込んでも消費税収アップの背景

消費税については、普通なら消費税の上振れというのはまずありません。消費の金額に消費税がカバーしている品目の税率を掛け算すれば答えが出るからです。

しかも、2020年度の消費は数％落ち込んでいたのです。それなのに、なぜ消費税収が上がったか。要因は三つあって、ひとつは消費税率が2019年10月に10%に上がっているから、消費そのものは少し落ちても、税率が上がった分、税収も上がったのです。

しかし、それだけでは説明がつかないところもあって、これには消費税のメカニズムが関係してきます。これまで消費税を上げた最初の年度は、みんなフルに税金を払っていませんでした。消費税が上がっても、前の税率で計算して、そのまま申告してしまう人がいるからです。これはどうしようもない部分もあるのですが、今回はフルに取ることができて、それが上振れの原因となりました。

なぜ、フルに取れたかというと、おそらく、その理由は10%に上げたときには軽減税率があったため、システム対応をしていたからです。人間が計算したのなら税率を間違えるミスも起こりますが、システム対応だから、簡単に新しい税率で計算することができたのです。

あと、もうひとつの要因としては、消費税を上げるか上げないかで2回くらいすったもんだがあったことで、消費増税が周知されていたことも大きかったでしょう。だから、今回は税率が上がっても、みんな案外と自然に対応ができたのです。

これらによって5兆円の上振れになったわけですが、想定より取りすぎたのですから、これはもう当然、国民に還元すべきでしょう。消費税については、これまでに一時的なものも含めて消費減税という議論は出ていませんが、総選挙の前後には、政府からはなんらかのアクションがあってもいいでしょう。

財務省的には、この税収増を「景気回復しているから補正予算はいりません」という、逆に緊縮に向かうロジックに使うでしょうが、岸田政権では、総選挙のためにも、一定の人への給付金などの政策を打ち出しています。

貿易赤字①——国の衰退とイコールではない

貿易赤字、貿易黒字というのは、大学で勉強する経済学の初歩の話なのですが、「貿易赤字がデメリットだ」と言う人に対して「何がまずいの？」と聞いても、たいてい答えられません。

貿易赤字とは貿易の輸出と輸入のたんなる差額です。輸出が多いことを黒字と言い、輸入が多いことを赤字と言う。ただそれだけのことで、赤とか黒とか言っても、じつは収支や損益と関係のない話です。

「赤字だから、黒字だから」と言っても、それでどこかが儲かるとか、そういう話ではありません。

ひとつ例を挙げると、日本の国内でも各県の貿易収支的なものは計算できます。実際にはバカバカしいのでやりませんが、各県がほかの都道府県に「輸出」している金額と、ほかの都道府県から「輸入」している金額のどちらが大きいかを計算してみれば、そのときに東京は大赤字になります。全国のモノが東京に集まってくるのだから、それは当然でしょう。

では、この赤字で東京に何かデメリットはあるのでしょうか。そう考えれば、貿易赤字にはなんのデメリットもないことがわかるでしょう。

たくさんの農産物をつくって全国に流している北海道などは、おそらく黒字になっているはずです。それで北海道にとってのメリットはありますか?

つまり、メリットもデメリットもないというのが貿易赤字・黒字の話で、たんに輸出量の差があるというだけのことなのです。

国ごとで考えてみても、世界中の貿易赤字の国と貿易黒字の国をすべて足し算するといくつになるか。黒字をプラス、赤字をマイナスとして、すべての国の貿易収支を足し算するといくつになるかと言えば、もちろん答えはゼロです。

つまり、世界の半分くらいの国が赤字で、半分くらいの国が黒字というだけのこと。輸出が多くて貿易黒字だから国力や経済が発展しているとはかぎらないことは、調べればわかります。そこに関連性はありません。

貿易赤字の国と貿易黒字の国のどちらにGDP（国内総生産）の勢いがあるかというのも、調べれば簡単にわかって、「じつは関係ない」という答えしか出てきません。

国内の景気がよくて消費が伸びているときには結構赤字になることもあります。ほかの都道府県との比較で東京が赤字になるのも、所得が大きくて、いろいろなところから「輸入」ができるからです。

経済発展と貿易収支の赤字と黒字の関係を見ても、ほとんど関係はありません。貿易収支がずーっと赤字の国もあって、それで有名なのはデンマークやオーストリアなどです。しかし、これらの国が発展していないというわけではありません。

貿易赤字②――アメリカの赤字強調は「難癖」にすぎない

貿易赤字、貿易黒字を非常に気にする人は過去の歴史のなかにもいました。「重商主義者」といって、黒字があると国が栄えると思っていた人がたくさんいたのです。しかし、いまでは、貿易収支と景気に関連性がないことが明らかになっています。

「重商主義」などと言われたのは200年くらい昔の話ですが、いまだに政治家などには貿易赤字が悪くて貿易黒字が良いと思い込んでいる人もいます。赤字・黒字というから、条件反射で、まるで借金のように思ってしまうのでしょう。

しかし、貿易差額にすぎないのですから、どうということはありません。赤字＝輸入をたくさんすることが悪いのかというと、必ずしもそうではなく、所得が大きくて輸入をたくさんしているケースもあるのです。

新聞の経済担当記者でも、それがわからずに記事を書いている人は多いようです。

また、そのような勘違いを生んでしまう原因は学校の教科書にもあります。教科書には「日本は貿易立国で発展した」と書いているため、「貿易黒字＝善」と擦り込まれてしまうのです。

しかし、貿易黒字と貿易赤字は国の発展段階によっても違ってきます。発展段階には比較的黒字の国が多くて、だんだん発展がゆるやかになってくると赤字が大きくなってくるというように、国の発展段階にも依存するのです。しかし、貿易黒字だからといって発展途上の若い国が成熟した国よりいいとはかぎりません。

最近の日本の貿易収支というのは、あまり黒字ではありませんが、それはどうということでもなく、気にするだけムダな話なのです。

中国などは黒字ですが、その代わりに一般の人々の所得はあまり高くありません。発展段階に依存して、発展途上国では比較的黒字が多くなりがちだというだけで、だからどうなのかといった話なのです。

それなのに、テレビや新聞では貿易収支についてクソ真面目に解説していろいろ言う人もいるのですが、もし大学の先生がこれを言っていたら、「重商主義の歴史を知らない」と笑われておしまいでしょう。

マスコミでは貿易収支の話は新人が担当することが多く、そうすると新人は先輩が書いた以前の話をそのままなぞりがちですから、それで「日本は赤字に転落して大変だ」と書くことになります。

大学の貿易論において、これは必ず講義する内容ですが、高校までの「貿易立国」と書かれた教科書しか読んでいないと、なんとなく黒字がいいのだと思い込んでしまいます。しかし、赤字・黒字は、たんなる差額の意味しかなく、それ以上でも以下でもありません。

1980年代のロナルド・レーガン政権のころのアメリカが「双子の赤字」などと言っていたことがありました。しかし、あれは日本に難癖をつけるために、ああいうふうに言っていただけのことです。

難癖をつける目的で、いまも赤字を強調することはあります。だから、無視しても経済的には問題ないのですが、政治的な話としては、難癖をつけられたほうが対応させられることになります。

本当は赤字の多寡など関係ありませんから、「だから、なんなの？」で終わる話なのですが、いちおうは政治ですから、プロレスではないけれども、「難癖」という技をしかけられれば、相手方に花を持たせるという意味で、やられた感じを出すことが必要になったりもするのです。

したがって、これまでも日本が「貿易赤字だ」と難癖をつけられて対応しているようなケースはありましたが、じつは日本としては痛くもかゆくもない話ばかりです。対応したほうが日本にとって政治的に有利だと思うから、適当に相手をしてきただけのことで、もちろん経済的な損害もありません。

その程度の話をマスコミはフレームアップして取り上げて「貿易戦争」みたいなことを言うのですが、戦争もクソもありません。本当の戦争ではないのだから、好みが合うものがあれば輸入するし、相手側も好みに合えば日本からの輸出品を買う。それで終わる話です。

アメリカは、かつて、日本に対して、最近は中国にも同じようなことをしかけていますが、あれもたんなる難癖です。経済学的な話としては、まったく意味はありません。

デジタル通貨①——所有者がわかるので脱税がなくなる!?

デジタル通貨といっても抽象的ですから、こういう話は役人がすごく苦手とするところです。

そもそも、デジタルというのはなんなのかというところから始めなければいけません。通貨がデジタルとはどういうことなのかと言うと、クレジットカードや電子マネーを使っている人から見れば、それとほとんど変わりません。しかし、現金でやりとりをしたい人から見れば、なんだかわからないのもしかたがないのでしょう。

クレジットカードや電子マネーもデジタル通貨と言えなくもありません。日銀がデジタル通貨を発行するとなっても、それは紙幣の代わりというだけのことです。

通貨が紙だからすごいと思っている人がいるかもしれませんが、いまでもクレジットカードや電子マネーの世界では紙はなくても同じように使えています。

デジタル通貨にすると、すべてがデジタルで処理されるわけですから、さまざまな面において確実に楽になります。たとえば、お札の場合だと誰が持っているかはわかりませんが、デジタル通貨だとそれがわかるようになりますから、脱税なども確実に減少するでしょう。そもそも、税金の申告自体が、わざわざやらなくてもデジタル処理されるようになるでしょう。

中国がやろうとしている「デジタル人民元《じんみんげん》」も同じことです。

最初にデジタル通貨を導入すれば、早くから人々が慣れ親しむことになる分、優勢になります。中国としては、早急にデジタル元《げん》を実現して、これをドルに代わる国際通貨にしたいという考えがあるのでしょう。

デジタルなら為替で日本円に直すことも簡単になりますから、そうすると日本の人々が中国のデジタル人民元を使うようになることがあるかもしれません。

しかし、そうなったときには日本人の懐の中身を中国に見られてしまうことがあるかもしれません。そのような危険性がある以上、日本も先に対抗手段をやったほうがいいのです。国の安全保障を考えるのであれば、なるべく通貨は自前でやったほうがいい。

しかし、そのときに中国のデジタル人民元のプラットフォームが先にできあがっていて、日本にはないというのでは、まずいことになるのではないかと思います。

ビットコインなどの仮想通貨も理屈は同じです。ビットコインで買い物ができる店も、いまではそこそこあって、これが増加していけば、デジタル通貨と同じことになるでしょう。

ビットコインは民間のものだけに、大々的に広がることはないかもしれませんが、国の通貨であるデジタル人民元となると、広く使用されるかもしれません。

だから、日本も早くやったほうがいいのです。2020年10月に当時の加藤勝信《かとうかつのぶ》官房長官が「日銀も当然検討すべき事項だ」と言ったことで、日銀はいま大騒ぎになっています。

デジタル通貨②――導入を阻む役人の「デジタルオンチ」

文系頭の役人たちからすると、デジタルというのはものすごく苦手で、さっぱり理解できません。日銀の行政官には東大出身者が多いのですが、東大でも文系出身の人はわからない。ほかの役所も同様で、デジタルなどといった話はみんな苦手で、「なんだかわからない」で終わってしまうのです。

日本がすぐにできない理由は、とにかく役人たちがデジタルの中身を理解できないことに尽きます。中身がわからないから、いつも「実験します」とは言うのですが、よく聞けば、日銀は「来年度から実験を始めます」などと寝ぼけたことを言っています。

きちんとした知識があれば、こんなものは時間をかけずにさっさとできることです。もちろん、セキュリティーなどの問題はあります。とはいえ、この原理自体は、すでにビットコインでだいたいできあがっているのです。

いまではビットコインの真似《まね》をした仮想通貨がいろいろ山ほどあるように、国が発行するデジタル通貨においても、ビットコインのシステムをコピーすれば案外簡単にできるはずです。

デジタル通貨が実現した暁には一般の利用者もいわゆるキャッシュレスと同じように使えるようになります。いまでも「これはクレジットだ」「これは電子マネーだ」と意識することなく使っているでしょう。ユーザー視点からすれば、これと同じことです。

私はキャッシュレス派なので、「なんで、みんな現金を持つのだろう」と不思議に思っているくらいです。お札などは顕微鏡で見れば、ばい菌がうようよしています。みなさん、そんなに汚いものが好きなのでしょうか。

キャッシュレスだと、地方に行って流しのタクシーを拾って乗るときだけが大変なのですが、最近では乗車時に「クレジットカードでもいいですか」と聞くと、地方でも使えるところが多くなってきました。

手元に現金があるほうが信用できるというのはたんなる思い込みで、キャッシュレスでも、みんなスマートフォンで決済できるでしょう。それで困ることは、いまではほとんどありません。目に見える現金がなくても、iPhoneのアップルペイで困ったことはありませんから、私はこれを信用しています。これと現金を信用するのは同じことでしょう。一度やってみれば、小銭がないことで、さぞスッキリすると思います。

キャッシュレス化が進むのを機に、紙の領収書というのもやめてもらいたい。いまでも領収書はペーパーですが、紙にする必然性はないのですから、メールか何かで送ってもらいたいと思っています。

政府にも「電子的な領収書でいいだろう」と提言しました。紙をもらって転記するのでは間違えることもありますが、デジタルならそんな心配もないのです。

年末には源泉徴収票が送られてきますが、これも本当は電子化すればいい。電子書類で送ってこられたら、確定申告もソフトを使って一気にできるようになるでしょう。それくらいのソフトは簡単にプログラムできるはずです。

仮想通貨①――私が実際にやってみたら、こうなった

仮想通貨の論文を見たのは10年ほど前のことで、そのときに「この考えはおもしろいな」と思いました。筆者はナカモトサトシという日本人みたいな名前の人でしたが、書いてあるのは完全に英語で、書かれている内容も日本人的ではないと感じていました。

仮想通貨のやり方、とくにブロックチェーンというものに非常に興味があったので、すぐに参加することにしました。

仮想通貨においては、ブロックチェーンの技術を支えるために常時接続のコンピュータがたくさん必要で、そのうちの1台として自分のコンピュータを提供するマイニングという実験プロジェクトがあったので、これに参加したのです。

ブロックチェーンの技術では台帳管理をコンピュータでやるのですが、その台帳がいろいろなところにあることが見えるようになっているので、改竄《かいざん》しにくいというのがひとつの原理になっています。

その原理は非常におもしろいと思いました。普通であれば、台帳はどこかに隠しておいて、絶対に誰にもアクセスできないようにして秘密を守るやり方をしますが、仮想通貨においては、

まったくそうではありません。分散型といって、いろいろなところに台帳を置いておくのです。その代わりに相互監視をしなければいけないから、常時接続でずっとコンピュータを開いておいて、その計算を行う人がある程度必要になります。そうでないと、ブロックチェーンの技術が維持できないというのです。

コンピュータを提供すると、その対価として、コインを少しだけもらえました。初期だったので、まだ1ビットコインが1ドルの価値もありませんでした。

いまでもブロックチェーンを支えるためにコンピュータがたくさん必要なことは同じですから、膨大なコンピュータ投資をして、たくさんの電力を使って、たくさんの計算をして、それでビットコインをもらうというビジネスもあります。

同じようなことをやる人も多くなったので、コンピュータ提供への対価の単価はものすごく安くなっています。ものすごくたくさんの計算をしないと、あまりペイできません。それでも、ビットコインの価格が上がっているうちは、このコンピュータ投資もそれなりにビジネスになっていて、中国などの電力が安いところでは、ものすごい設備投資をしてこれをやっています。

私の場合、発足当初で、有志だけでやっていたというような世界でした。ずーっとコンピュータを動かしていましたから、私のところにも少しはビットコインが貯まっていたはずなのです。どれくらい貯まっていたか正直なところを言うと、それほど記憶にもないのですが、いまはそれをなくしてしまいました。貯まったコインを引き出すための自動生成パスワードというのがあって、長くて覚えられませんから、パスワードはパソコンのファイルに保存して管理していたのです。ところが、そのファイルがあるとき壊れてしまって、復元も不可能で、もうどうしようもなくなりました。

パスワードをどこか紙に書いて置いておけばよかったのかもしれませんが、まあ、自分で投資したわけでもない、言ってみればタダのものですから、「そんなものはなくてもいいや」と、そのときは思っていました。しかし、いまの高騰を見ると、いくら損したかわかりません。もったいなかったかなとも思います。

初期の段階でマイニングもやめていました。常時接続をしていると、私の家のコンピュータに大量の不正アクセスがあったからです。おそらくビットコインを狙ってくるやつがいたということなのでしょう。それを防備するのが大変で、初期の段階で「ちょっと危険だな」と思ってやめました。

仮想通貨②――中央銀行からの発行が主流の時代に

仮想通貨の将来はというと、初期には1ビットコインが数十円だったものが、いまは数百万円にもなっているのですから、これはもうおかしいに決まっています。誰かが投機でやっているとしか言いようがありません。ビットコイン自体の発行枚数が決まっているので稀少性《きしょうせい》があるのは事実ですが、現実にはなんの役にも立ちません。

いまはビットコインを筆頭に、民間でさまざまな仮想通貨を出していますが、私の予想では、そう遠くない将来に、どこかの中央銀行がデジタル通貨を発行するようになるでしょう。

仮想通貨はプログラムなので、まったく同じものを中央銀行がやるのは簡単です。

しかも、一国の中央銀行が発行したときには裏づけになる本当のお金があるのです。「現金の代用品として、便宜性のためにデジタル通貨を発行します」ということはあると思いますし、実際にも、ほとんどの中央銀行でデジタル通貨の研究が行われています。だから、これが実現するのは時間の問題でしょう。

そうなったときに、民間が出しているビットコインや、それに類するものはたくさんありますが、それらと国家が保証するデジタル通貨とで、ユーザーはどちらを信頼して利用するかという話です。これはもう、国家が発行したもののほうが圧倒的に信用があるわけですから、いろいろな見方はありますが、やはり民間のものは駆逐されるのではないでしょうか。

中国がデジタル人民元をつくろうとしているのも、まったく同じ流れです。中央銀行として考えると、本当のお札を刷るか、仮想通貨で出すかというチョイスだけのことで、中央銀行として、どちらのかたちで通貨を発行しているかということがわかればいいのです。

中央銀行発行のデジタル通貨が流通するようになると、仮想通貨だけでなく、クレジットカードや現在の電子マネーなどもかなり苦しくなるでしょう。

もし中国のデジタル人民元がクレジットカード的な機能を持ったサービスとして日本で提供され、そのときに日銀が対抗できるサービスを持っていないとなると、人民元のほうに流れる人がいるかもしれません。

政府もデジタル庁をつくるくらいだから、その業務の最たるものと言えば、中央銀行のデジタル化でしょうと、私は以前から言ってきました。

いまは国庫金の処理で一部デジタル化はありますが、ほとんどをデジタル化してもいいはずです。これは時代とともに不可避なものでしょう。

本当は2020年には実験開始しているはずだったのですが、どこかでサボっているのか、進みが遅い。御託を垂れるくらいなら、早くプログラムを組めと思ってしまいます。

第4章

「経済オンチ」が誤解している経済用語の本当の意味［後編］

――経済学的に正しい「国民経済」キーワードの読み方

財政破綻――「いつまでに」がない議論に意味はない

いまだに「ハイパーインフレで財政破綻が起きる」「日本は100％破綻する」などと言う人がいます。

しかし、こういうことを言う人は、まずズルいところがあって、それは「財政破綻する」とは言っても、「いつまでに」ということは決して言わないのです。

以前、あるテレビ番組に出演した際にも、みんながそういうことを言うので、私は「いつまでに破綻するかを言わなければわからない」「100年先だと言うなら、いまいる人は誰も生きていないのだから、意味がない」と言ったのです。

そうすると、みんな渋々口を開いて、だいたいが「10年くらいの将来」だと言うのです。いくらテレビのコメンテーターでも、10年以上先の話をするのは、さすがに無責任だと感じるのでしょう。

それを聞いて、私は「じゃあ、CDSを買えば、ものすごく儲かりますよ。早く買ったほうがいい」と言ったのです。

CDSとは金融商品で、普通の人はあまり知らないのですが、正式には「クレジット・デフォルト・スワップ」といって、国債がデフォルト（債務不履行）したときのための保険を金融商品化したものです。保険というのは便利なもので、いろいろなものが最悪のケースになったときのためにあります。

このCDSの保険料は、その国が破綻する確率に密接に関連しています。

たとえば、生命保険の場合、自動車レーサーがこれに入るときには、むちゃくちゃ高い保険料が必要になります。これは、その人が事故で死ぬ確率が高いからです。その一方で、一般の公務員などは危険な仕事がほとんどありませんから、保険料はすごく低くなります。このように、保険料はリスクと密接に関係しています。

日本の国債にもCDSの取引があって、日本の国債がデフォルトしたときのために、海外投資家たちも、みんな保険料を払っているわけです。

では、その保険料のレートがいくらになっているかと言うと、最近ではわずか0・16％です。だから、仮に日本が10年で破綻すると自信を持って言える人であれば、ぜひおすすめです。

10年間0・16％の保険料を払うと1・6％の保険料になって、そこで日本が破綻すれば、これが100になって返ってきます。1・6％払って100返ってくるということは、計算すると60倍の投資効率になります。これだけ儲かる金融商品はなかなかありませんから、ぜひ買ったほうがいい。

それで、私が「日本が破綻するとわかっているのなら、こんな大儲けのチャンスはありません」「CDSを買えば10年後には60倍ですよ」「購入するお金がなければ、私がお貸ししましょうか」と言うと、みんな黙ってしまうのです。まさに、グウの音も出ないといった感じで、そのあとは会話になりませんでした。

結局、その番組自体がボツになってしまい、それ以降、そのテレビ局からはいっさい声がからなくなりましたが、まあ、おもしろい経験だったと思っています。

こうした議論をするときに、私は破綻するともしないとも言いません。「破綻というのが正しければ、あなたはこの行動をしなかったらおかしいですよ」と言うだけです。

みなさんがちゃんと「10年以内に日本が破綻する」と明確に定義したから、それについての議論をしただけなのです。

本当に破綻すると言うのなら、CDSを買って儲ければいいのです。それをなぜやらないのか、私には理解できません。

天下り――財務省にとっては「人事のひとつ」である

2021年6月、ゆうちょ銀行と新韓《シンハン》銀行の業務提携が発表されました。

ゆうちょ銀行は郵政が民営化したときに、日本郵政公社から郵便貯金事業などを引き継ぐかたちで設立されたものです。

一方の新韓銀行は、韓国のなかでは比較的大きな銀行です。

その両行の業務提携というのですが、その内容はごく普通にある一般的な業務提携で、あまり大したことがないように見えます。「業務提携して一緒にやりましょう」というのは普通の金融機関ではよく行われることで、それを海外の金融機関とやっても、とくに不思議なことではありません。

郵政と韓国系の合体ということで、郵政民営化のときに陰謀論としてよく言われた「外資による郵便貯金の乗っ取り」を思い浮かべる人がいるかもしれませんが、提携の内容を見たかぎりでは、そういった面での怪しいところはありません。

では、やはり、ごくありふれた提携話なのかというと、じつはそうとも言い切れなくて、「外資の乗っ取り」などとはまた別の意味でドロドロしたものが見え隠れするのです。

新韓銀行は在日韓国人の資本でつくられた韓国の大手で、日本にも支店があったのですが、2009年に日本現地法人としての営業免許を取得してSBJ銀行として営業を開始しています。外資系銀行の日本現地法人はシティバンクに次ぐ2行目です。

SBJ銀行はある意味、日本的で、ここの歴代の代表取締役社長は親会社の新韓銀行の人と日本人が交互に務めていて、2021年時点の代表取締役社長は日本人なのですが、その人はもともと財務官僚だった人です。

つまり、SBJ銀行は財務省の天下り先になっているのです。

普通、財務省から天下りするときに多いのは日本の地方銀行です。海外資本のところに天下るというのは、ちょっとめずらしいパターンだと思います。

新韓銀行は在日韓国資本ということもあって、日本の文化をよく知っているから、財務省の人を天下りとして引き受けたのでしょう。向こうからすると、「人質に取る」ような感じです。財務省の天下りを受け入れておけば、何かのときにも厳しくやられないだろうという保険みたいなことなのでしょう。

財務省からSBJ銀行への天下りはもうずっと続いていて、つまりSBJ銀行は財務省および金融庁とズブズブの関係なのです。その親会社にあたる新韓銀行も、まあSBJ銀行と一体ですから、そんな財務省とズブズブの関係にある新韓銀行が今回、ゆうちょ銀行と提携したわけです。

もちろん、ゆうちょ銀行にも財務省の人が行っているわけで、そう考えると、これはなかなかおもしろい提携なのです。

実際のところ、いま、ゆうちょ銀行に天下っている財務省の人とSBJ銀行にいる財務省の人は財務省時代の知り合いで、じつは私もよく知っています。

そうして見ると、ゆうちょ銀行と新韓銀行の業務提携は、あくまでも私の推測にすぎませんが、じつは財務省が裏で糸を引いている可能性もなくはない……。

天下りというのは、銀行側はある意味、人質として受け入れているわけです。

もしかしたら、今後、日本政府が徴用工問題などのからみから韓国に制裁を行うことがあるかもしれない。その制裁の手段には金融機関の制裁もあるのですが、そのとき、ＳＢＪ銀行に財務省からの天下りの人がいれば、その親の新韓銀行への制裁は、ちょっとやりにくくなるでしょう。

「日本の銀行の韓国との取引を規制する」となったときにも、ＳＢＪ銀行は形式的には日本の銀行ですから、同じように韓国との取引を規制されることになります。そうすると、多くの日本の銀行は韓国との取引はもともとほとんどないので、そのような規制をかけられても大した問題はありませんが、ＳＢＪ銀行は韓国との取引が多いので、大きな影響を受けることになるでしょう。そのときにＳＢＪ銀行の人が「そこは勘弁してください」なんて言ったら、どうなるかという話です。

だから、日本が韓国に金融制裁を行うような事態が生じたときの保険として、ＳＢＪ銀行では天下りを受け入れて、新韓銀行がゆうちょ銀行と提携することで、「人質を取った」というような感覚なのかもしれません。

天下りというと、「官僚の気楽な余禄稼《よろく》ぎ」のように思うでしょうが、ＳＢＪ銀行のような外国資本のところへの天下りとなると、行く人間はあまりうれしいものではないでしょう。いざというときの人質なんて、普通はやりたくありません。そう考えると、結構気の毒なのですが、いくら本人が「行きたくない」と思っても、そうは簡単にいきません。天下りは一種の人事であり、「行け」と言われたら、天下りせざるをえない。

誰かが「外国資本への天下りはいやだ」と言って行かなければ、それで天下りの枠がひとつなくなってしまうかもしれません。だから、天下り枠をキープするためには、ずっと誰かを送り続けなければいけないという財務省側の事情もあるのです。

なぜ、そんなところを天下り先にするのかと言えば、ほかにあてがなくて厳しいときにオファーが来たら、それなりのところなら、外資でもなんでもさばきたくなるのでしょう。

現実的に考えても、日本の地銀は、もう経営自体が大変になってきて、受け入れの余地がなくなってきています。昔は財務省の人間が天下ってきたら、預金保険機構などがサポートしてくれて、つぶれる危険性がなくなることもありましたが、いまはそれも難しくなってきている。

そうやって天下り先に窮すると、ＳＢＪ銀行のようなところにも天下って行くようになるわけです。

同じ外資のシティバンクにも多少の天下りがあって、やはりそれも、銀行側からすると、いざというときのためでしょう。日本で活躍する企業は日本の事情をよく知っているのです。

天下りは日本独特のもので、英語にはこれに該当する言葉がありません。だから、外国人に説明するのが大変で、「descend from heaven」などと直訳したりしますが、これでは余計に意味がわからなくなってしまいます。

天下りにおける役所と企業の関係をそのまま外国人に説明すれば、「それは癒着で、犯罪じゃないか」と言われたりもします。

グローバル化が言われる昨今、天下りのようなことを国際企業相手にやろうとするのは難しいでしょう。国際的な基準から見たら、こういうやり方はもう無理ではないかと思います。そういうことを言うと、また財務省から恨まれてしまうのですが……。

年金①――破綻しない「長生き保険」

「年金が破綻する」ということもよく言われますが、これもハイパーインフレや財政破綻の話と似たり寄ったりです。

結論から言うと、「むちゃくちゃをやれば、破綻させることはできる」けれども、「しくみとして破綻させることは、案外難しい」ということになります。

そもそも、年金のしくみをきちんと理解している人はほとんどいません。多くの人は「老後にもらえるお金」としか思っていないのでしょう。ただし、これには大きな前提がひとつあって、それは「老後に長生きしないともらえない」ということです。

みんなは自分が長生きすると思っているから、自分は年金がもらえると思っているけれども、正直なところを言えば、平均的なところより長生きする人は全体の半分くらいしかいません。では、平均的なところまで生きられない人はどうなのかというと、年金は払っただけで終わりになります。そうして見ると、酷な制度とも言えます。

そこのところを考えずに、みんな「老後に年金をもらえる」と言い、それが少ないだのなんだのと不満を言うのですが、実際には、そのうちの半分の人が、そもそももらえないのです。

つまり、年金とは、「長生きしたときにもらえる保険」なのです。死んだときにもらえる死亡保険とはまったく逆の、「早く死んだらもらえない保険」です。

死亡保険はわかりやすくて、死んだときに生きている人たちが払っている保険料からもらえるかたちのものです。

一方の年金は、全員が払って、それを長生きした人だけに渡す保険ということになります。これが単純な原理です。

年金に関して、人の一生がどうなっているか、ざっくりした話をすると、仮に80歳くらいまでみんなが生きるとします。そのときに、どういう人生になるかというと、平均的なところでは20歳から60歳までの40年間保険料を払って、60歳から80歳まで年金をもらうことになります。平均的な人は80歳まで生きるのですが、60歳で死んでしまえば、20歳から60歳まで年金保険料を払っておしまいです。80歳まで生きればトントン。100歳まで生きれば60歳から100歳までもらえるわけです。

しかし、よくよく考えてみると、払う金額ともらう金額が平均して同じでなければ辻褄《つじつま》が合いません。だから、20歳から60歳までの40年間、おおよそ自分の所得の2割くらいを払うことになっていて、この総額をざっくり計算すると、自分の年収の8倍くらいの金額を40年間で払うことになります。

それを60歳から80歳までの20年間もらうわけですから、そうすると、自分の現役時代の年収の4割くらいが1年間でもらえることになる。これが基本です。

それで、60歳で亡くなった人は40年×所得の2割だけを払っておしまいです。そうやってももらえない人がいるから年金を払えるのです。

80歳で亡くなればトントンですが、もっと長生きする人もかなりの数がいるわけです。そうして100歳まで生きれば、トータルでは自分が払った額の2倍の年金をもらえることになります。長生きできるかどうかは運・不運ですが、とにかく長生きしたらするだけお得。早く死ぬのは絶対に不利なのです。

ここでは、わかりやすいように20歳から60歳まで支払って60歳から80歳までもらうモデルを例に挙げましたが、平均寿命が延びた現状では、これが「20歳から70歳まで支払って、70歳から90歳までもらう」というくらいの制度設計になっています。

みんなが長生きするようになれば、80歳でトントンとなっていたものを上にずらしていくことで解消できます。働くことができる年数と平均寿命がわかっていれば、どれくらいの年金支払いがあって、平均的に何年支給しなければいけないかがわかりますから、年金機構が受給者にどれだけ払えばいいかが簡単に計算できます。

このような単純な原理だから、なかなか間違いは起こりにくく、破綻もしにくいわけです。

年金②——早くもらっても遅くもらっても違いはない

年金料の引き上げなどに対しては不満の声もありますが、半分の人が死ななければ払えないのですから、みんなが長生きしたら、払うのを先延ばしにしなければなりません。そうしないことには、半分の人たちが死なないからです。

年金批判をする人の話を聞いていると、このような制度のことが何もわかっていない場合がほとんどのようです。

保険の設計においては保険数理士という特殊な職業があります。英語ではActuary（アクチュアリー）といって、この資格がある人は保険会社でかなりの高収入を得られます。

かなりの数学力がないことには、この資格は取れないのですが、大学で数学を学んでいるくらいの学生であれば、それほど難しいわけではありません。だから、数学科の学生は、将来的に食うのに困るといけないからといって、みんなこの資格を取っていて、私もいちおうその資格があります。

資格が必要なくらいに専門的な保険の理論があって、年金もその原理に則《のっと》って運営されていますから、平均寿命さえ確定できれば、破綻させないように運用することはさほど難しくはありません。

年金を早くもらうのと遅くもらうのでは、どっちが得かという点で頭を悩ませている人もいるでしょう。

先にもらうとなると、それでずっと長くもらうのは不公平になるので、支給額がいくらか割り引かれますが、全体的に見れば65歳からもらおうが、70歳からもらおうが、どれを選んでも依怙贔屓《えこひいき》にならないようになっています。

早くもらうとなると、その分だけ死ぬ人が少ないですから、減額しないと辻褄が合わない。受給を先延ばしにすると、死ぬ人が多く出るから、もらえる金額も多くしている。これはもう完全な数理計算にもとづいた話ですから、どちらが得をするということはありません。

それをみんな勘違いして、早くもらえるなら早くもらおうと殺到すれば、金額がすごく低くなるだけで、政府としては早くなっても遅くなってもどちらでも問題はありません。確実に言えるのは、どちらの制度でも、長生きさえすれば得になるというだけです。

以前、「人々が早く死なないと年金が払えない」ということを一度テレビで言って、「ひどいことを言う」と非難されたことがありましたが、これは事実ですからしかたがありません。早く半分の人が死なないことには、長生きした人にその分を回せないのです。

したがって、平均寿命が長くなれば、年金支給開始年齢を先延ばしにするしかありません。

ＧＰＩＦ①――役人の年金運用には不安しかない

年金支給は、簡単に計算できて、保険料でやりくりできることですから、福祉目的などといって消費税を組み込もうとするのは、おかしな話だということも理解できるでしょう。

年金に消費税を入れようとすれば、計算が難しくなるだけで、年金の安定運営の役には立ちません。

私のようなアクチュアリーの目で見ると、保険料と年金支払いだけの話なら暗算でもできるのに、そこに消費税が入るとややこしくなって、途中で計算を間違えるかもしれないと不安になるだけです。

そういうことがわからない財務省の人間は、やはりほとんど計算ができないド文系なのです。

さらに言えば、社会保険料は英語でソーシャルセキュリティータックスと言いますが、これと税金を別々で取っている国は、世界中で日本しかありません。

世界のほかの国々において、社会保険料は税金に含まれていますから、社会保険庁のような組織もありません。社会保険庁と税務署の2本立てになっているのは日本だけなのです。

これは「社会保障に関するものは自分で取る」と厚労省が言って、税金と別々になったという歴史的経緯だけのことで、ほかの根拠は何もありません。

アメリカにもソーシャルセキュリティーオフィスという組織はありますが、ここはお金のことには関与しません。日本はちょっと不思議な国なのです。

GPIF（年金積立金管理運用独立行政法人）が政府の年金運用をしていることも気になります。「年金運用で損失が出た」と話題になったときに、民間にも目先の利く人がいて、「私が民間のファンドでやります」と言って、現状ではそういった人が結構いいお金を取って運用しています。運用するといっても、実際は運用できないから金融機関に丸投げしているだけで、その手数料は結構な額になっています。

役人には、はっきり言って運用はできません。株式の売買というのは結構難しいのです。だからと言って、民間の人がうまくできるかと言ったら、これもそうそううまくできません。それでも、年金運用は総額150兆円を超えるくらいのものすごく大きなファンドですから、この運用ビジネスには金融機関出身の人など海千山千のいろいろな人が集まってきて、年金運用で手数料を稼いでいます。

おそらく、150兆円のうちの300億~400億円が民間のファンドなどに流れています。この運用によって稼いでいるのは一部の金融機関、信託会社や保険会社、投資顧問会社といったところで、その背後には証券会社がいます。

私はそんなGPIFに対しては非常に批判的です。

300億~400億円ものお金を使って運用しなくても大丈夫だということも、証明しています。

年金運用と言うと、普通は株で運用するのだと思うでしょう。普通の預金で運用するのでは、ちょっとインフレになったときには、なかなか預金金利がついていきませんが、株ならインフレのときには、それを先取りして同じように上がるので、年金運用には株式投資が必要なのだという考え方です。

GPIF②――私が関与した「物価連動国債」があれば不要

しかし、株式と同じように、インフレに対応しつつ、それでいて株のような下落の心配がない安全な商品が世の中にはあるのです。

それは「物価連動国債」というもので、2004年から政府が発行しています。これを発行するように促したのは何を隠そう、私です。

どういう国債かと言うと、最後に償還するときに、普通の債権だと100で買ったものは100で返ってくるわけですが、この物価連動国債は、物価のインフレ率が高くなったら、そのインフレ率に応じて、もともと100のものが償還のときにもっと増えるという国債です。

これはインフレヘッジというもので、完全に株式と同じようにできます。おまけに国債ですから、リスクはほとんどありません。

これで年金を運用するということになれば、GPIFのファンドマネジャーは全員不要になります。

物価連動国債を買うときにはどうするかと言うと、これは一般のマーケットでは買いにくいのですが、財務省に電話して、「今月、これくらいお金があるので、物価連動国債をいくら分くださ い」と直取引すれば簡単に購入できます。電話一本で済みますから、これなら担当者ひとりでできるのです。

ＧＰＩＦが最初に設立されたときにも、最初はそういうシステムだったので、ファンドマネジャーはいらなかったし、年金資金の運用コストもゼロでした。それが最近では「３００億円かけて運用しています」と言うのですが、物価連動国債を買ったほうがよほど簡単だろうといつも思っています。

もちろん、国債ですから、これで大儲けできるわけではありません。しかし、年金というものは、大儲けなどしなくても確実に増えていけば、それで十分なのです。「儲かるか、儲からないか」が不確実なほうが、年金財政にとっての悪影響は大きいはずです。

ファンドマネジャーがいるから、「損した、得した」の話ばかりをしていますが、物価連動国債であれば、自動的に増えていくだけですから、損も得もありません。

そうして先々の年金財政がどうなるかまですべて予測できますから、そのほうが健全な年金運営ができるはずです。

こういうことを言うと、ＧＰＩＦのトップから、「髙橋さん、それは言わないでください」と苦情が寄せられます。そうして「髙橋さんはマーケットを知りませんね」と言うのですが、私は国債課の課長補佐でしたから、マーケットのことはすべてわかったうえで言っています。

しかも、物価連動国債の開発にも関係していたのです。

結局のところ、GPIFは天下り機関であって、ただし役人たちは運用のことがわからないので、いまのトップは民間の人が務めていますが、それでも厚労省の天下り機関であることは間違いありません。

失われた30年①——給料が上がらないのはお金を刷らないから

1990年ごろから30年以上のあいだ、日本人労働者の賃金はほとんど上がっていません。世界のほかの国では、だいたい10年で2倍近くに賃金が上がっているのに、日本だけは30年以上にわたって上がっていないのです。

GDPのなかでも名目GDPという数字があって、これはどういう数字かと言うと、「賃金＝一人あたりの所得」に「人数」を掛け算すると、これがおおよその名目GDPになります。この名目GDPで見ても、世界に200くらいある国々のなかで、日本だけがこの20～30年のあいだでほぼ横ばいなのです。

では、なぜ日本だけなのか。

世界の約200カ国が、どういった要因で名目GDPが上がったのかは分析することができます。どのようにやるかと言うと、まず、いろいろな要因を取り出して、そのうちのひとつを横軸に、縦軸には名目GDPで取ってグラフ化します。そのときに、もし名目GDPと関係がある項目であれば、右上がりの線が示されます。

そうやって各国のさまざまな数字を調べてみて、どの国においても右上がりの線になれば、この要因で名目GDPが動いているのだとわかります。

「日本の名目GDPが伸びないのは少子高齢化のせいだ」と言う人がたまにいますが、少子化を横軸に、名目GDPを縦軸に取って、いろいろな国のデータを当てはめてみると、まったく関連性は見られません。そうすると、少子高齢化は名目GDPが上がらないことと関係ないとわかります。

それで、私がいろいろな要素を試行錯誤しながら調べた結果、ひとつだけ、どの国でもきれいな右上がりの線が出たものがありました。横軸に取ったのは「お金の伸び率」です。

どの国もそうなのですが、お金をどれだけ発行したかというデータがあって、その伸び率と名目GDPの伸び率は、すごくきれいに関係があるのです。

つまり、名目GDPの伸び率は、お金の伸び率で決まるという答えが出たわけです。

お金の伸び率で決まると言ってもピンとこない人は多いでしょうが、世界200カ国くらいの30年程度のデータを取ってみれば明白です。お金の伸び率で見れば、だいたい名目GDPの伸び率について説明できるのです。

お金の伸び率について世界で順番をつけると、日本は約200カ国中でほぼ最下位です。そして、日本の名目GDPの伸び率も最下位です。だから、当然、賃金の伸び率も最下位です。

お金をどれだけ発行するかというのは日銀の問題で、日銀がお金を刷らなかったがために、お金の伸び率が世界でビリになり、賃金の伸び率もビリになったというわけです。

お金を発行しないことによって、お金の価値は上がります。では、それで日本の誰が得をしたのか。あえて言うならトレーダーなど金融関係者くらいのものです。

失われた30年②――「デフレ脱却でハイパーインフレ」!?

もし、この30年くらいのあいだ、日銀が他国並みにお金を刷っていたら、名目GDPはいまより2倍か3倍になっていてもおかしくありませんでした。ということは、みなさんの賃金も2倍、3倍になっていたかもしれないのです。

2013年あたりは本当に悲惨で、そのあとにアベノミクスで異次元の金融緩和、いわゆる黒田《くろだ》バズーカというのをやり始めてからは、少し状況がよくなっています。それでも、20年間くらいお札を刷ることをサボっていたわけですから、まだそれほど挽回《ばんかい》ができていません。

日本だけが横ばいでいるあいだに、中国が名目GDPを伸ばしていって、日本を抜いて世界2位にまでなりました。世界トップのアメリカを見れば、この30年間で名目GDPが3倍くらいになっています。

そういう意味からも、近年よく言われる「失われた30年」というのは正しい認識であり、この30年のあいだ、日本だけが世界から取り残されてしまいました。アベノミクス以降は頑張っているものの、二十数年分を挽回するにはまだいたっていません。

日銀の黒田東彦《はるひこ》総裁も、最初は頑張って「異次元の金融緩和」を続けていましたが、途中からちょっとやる気がなくなったのか、最近はやや迫力不足に見えます。

しかも、けしからんマスコミは相変わらず「お金を刷ったらハイパーインフレになる」と唱え続けています。

デフレ脱却が必要だと言いながら、その一方でハイパーインフレが心配だなどと言う、そんなめちゃくちゃな人が、とくにテレビのコメンテーターに多く、これはつまり頭が悪い。数字で表されるデータなど一顧だにせず、自分の感情だけでしかものごとを見ないから、そんなデタラメなことを平気で口にできるのです。

私の場合、いち早くアメリカに留学し、バーナンキやクルーグマンといった世界的な経済学者たちと親交があったために、こうしたことを早くから知ることができました。

しかし、日本ではずーっと知らないままで、「ハイパーが」などと言う人間がたくさんいて、日銀もお金を刷ろうとはしませんでした。しかし、みんな間違っていたのです。

日本では経済の知識がいっさいないままに「ハイパーインフレ」「財政破綻」などと言っている人間が知識人であるかのように振る舞ってきました。一流の知識人ともてはやされ、いくつものテレビ番組でニュース解説をしている人でも、いまだにそのようなことを言っています。ああいう人たちがテレビでヘンテコな説をまき散らすから大変です。

その結果として、日本の賃金が上がらないままになり、巡りめぐって日本全体が貧しくなってしまいました。ハイパーインフレなどと言っていた人たちの罪は重いと思います。

実質賃金――低下しているのは雇用拡大の反映

実質賃金というのは実際の賃金とインフレ率との差を見たものです。

働き手が多くなると、実質賃金は一時的に下がります。失業していた人たちが新たに働くわけですから、そのときには低い賃金からのスタートになるからです。

だから、雇用が拡大している過程で実質賃金が下がることはあります。逆に言えば、実質賃金が下がっているというのは、雇用数が拡大していることを反映したものなのです。

それでも、失業者たちがみんな働くようになって人手不足になってくると、実質賃金も上がり始めます。

日本の実質賃金は、近年はいい線までいっていたのですが、コロナ禍などがあったため、またちょっと大変になっています。

だから、もう一回、仕切り直しをして、みんなが働けるようになって、人手不足気味になって、賃金が上がっていくことを狙うような経済政策が求められます。ところが、その途中の段階で、「実質賃金が下がっているじゃないか」「経済政策の失敗だ」などと言って、野党の人間は政府を批判します。

そういうことを言う人たちは、「雇用の拡大で一時的に実質賃金が下がる」という部分には触れようとせず、ただ「下がった」とだけ言い続けて政府の足を引っ張ろうとします。

何もわからないくせにケチだけつける人間が多すぎます。

雇用が増えることは本来、与野党ともに喜ばなければいけないことなのに、野党の人たちは、本当に経済知識のないバカなのか、わかったうえでそれを隠して政府を批判したいだけなのか、「雇用人数が増えたと言っても非正規ではないか」と文句を言います。しかし、本当は多くの人が働くことができるのであれば、雇用形態などなんでもいいのです。雇用が拡大していけば、それにつれて賃金などの条件が上がっていくのですから、そうなったときには、雇用形態が正規だろうが、非正規だろうが、どちらでも問題ないでしょう。

住宅ローン①――リモート時代の地価下落でリスクしかない

持ち家と賃貸では、どちらが賢い選択か。これは結構簡単な話で、何もない人から見れば、それは賃貸のほうがいい。

持ち家がいいと言う人は、家を持ったときのリスクをまったく考えていないのでしょう。最初から土地も家もあると言うのなら、持ち家でもいいし、大きなリスクもありません。しかし、土地などがないゼロからの状態の人が、なぜわざわざ家を持つ必要があるのか。

家を持つためには、まずお金を使います。お金を持ったままなら、その価値が下がるといっても、たかが知れています。

しかし、土地を買ったとなると、その土地の値段が下がる危険性が少なからずあります。

仮に1000万円で土地を買うとして、将来にわたって、その土地がずっと1000万円のままである確率はほとんどありません。「値段が上がる確率もあるだろう」と考える人もいるでしょうが、それはそのように思い込んでいるだけです。

いままで多くの場合、土地の価格は上がってきましたが、これからは下がることも、ずいぶんあるだろうと思います。

土地の価格はずっと上がるものだと思っているかもしれませんが、それは高度成長期やバブル期の土地神話が擦り込まれているだけです。

なぜ、土地に価格がつくのかを考えてみてください。土地は「利用してなんぼ」の世界ですから、企業がたくさんあって、経済活動をさかんに行ったときには土地の価格は上がります。

しかし、リモートワークやリモート会議が一般的になってきたら、都心の土地などいらなくなるでしょう。リモートになれば、田舎にいながら仕事ができて、そうすると東京に来る人も減るでしょう。

そもそも、なぜいまは田舎から東京に出てくる人がたくさんいるのかと言うと、東京のほうが仕事に便利だからです。もちろん、業種によってはリモートワークができないものもありますが、多くのサラリーマンの仕事は地元でも同じようにできますから、そうすると当然、上京する人は減ることになります。東京で遊びたいと言う人も、そのときに遊びに来ればいいだけで、わざわざ住む必要はどんどんなくなっていくでしょう。

そう考えると、今後、土地の価格は下がる可能性のほうが高いと思います。

では、そのときに地方の土地代が上がるのかと言えば、地方には土地がたくさんあるので、これもあまり期待できません。

これから土地を買って家を建てようという人は、そのあたりのことを、いったん考えてみたほうがいいと思います。

もうすでに家を購入してローンを払っている人は最悪です。土地の価格が高かったときに買って、お金もたくさん借りているわけです。それで土地の価格が下がったら大変でしょう。

仮に1億円の土地を購入するために1億円の融資を受けたとすると、土地が5000万円になったら、返せなくなるかもしれません。

土地の価格が下がってしまうと、貸している側から見れば、ローンを払っている人の担保価値が下がることになります。そうして担保価値が下がると、「担保差入」といって、追加のお金を入れろというようなこともあります。1億円の担保価値があった土地が5000万円に下がれば、差額の5000万円を担保に入れろなどと言われるわけです。ローンが払えなくなる可能性があるからということで、土地を取られて、ローンだけを返済することになったりもします。

これは企業経営と一緒です。返済が少しでも滞れば、貸している側がいろいろな理屈をつけてきて、それで土地を取り上げられることは当然あります。

お金を貸している側は、なんとしてでもリスクを避けようとしますから、借りる人は、そのようなリスクがあることを最初に知っておかなければいけません。お金を借りて、あとはのんべんだらりとやっていられると考えるのは大間違いで、ローンでもなんでも、借金には大変なリスクが潜んでいるのです。

持ち家を買う人には、基本的にそういうリスクがあります。ただ住むだけだったら、そんなリスクを背負うより、賃貸のほうが気楽でしょう。

住宅ローン②——土地はお金を借りてまで買うものではない

賃貸のほうが月々の支払いが高くなるように思うかもしれませんが、じつはそうでもありません。

家賃がどうやって決まるかと言うと、これは土地の価格である程度のところは決まってきます。大家さんの手取りが適正なものであれば、家賃を払うのと、ローンを組んで土地を買うのとでは、支払う金額はほとんど変わらないはずです。

もし大家さんの手取りがすごく大きければ、土地を買ったほうが、ちょっとは得になるかもしれません。しかし、大家さんを抜かせば、土地を買うのも月々の家賃を払うのも、基本的には同じはずです。

これだけたくさん賃貸物件があれば、大家さんがあまりあこぎに稼ごうとしても、借り手がいなくなるだけで、そう考えれば、ひとつの賃貸物件に対する大家さんの取り分はたかが知れています。

そうすると、違いはリスクになるわけですが、これは先に言ったように、持ち家のリスクのほうが大きい。だから、普通に考えれば、持ち家を持たないことが正解になります。

とくに田舎に実家があるような人が、わざわざ東京に土地を持つ理由が、私には理解できません。すでにローンを組んで土地を買っている人はお気の毒ですが、これから価格が下がらないように祈るしかありません。

いまのうちなら、まだあまり土地の価格は下がっていませんから、土地を売ったお金でローンを返済して賃貸に回るという手はあるでしょう。しかし、貸しているほうから見ると、月々返済してくれるのはいい収入源になりますから、簡単にそうはさせてはくれません。

「住宅ローンの借り換えをしませんか」などという勧誘は「魔の誘い」です。相手が儲かるから言ってくることに決まっています。向こうは借り手の身ぐるみを剝いでも自分たちが儲かればいいのです。お金を貸す側は基本的にそう思っていると知らなければいけません。良心でやっている人など、まずいません。借り換えは借りる側も貸す側もＷＩＮ－ＷＩＮだろうなどというのは、はっきり言って甘い考えです。

私から見ると、お金を借りてまで土地を買うなど、なぜリスクを余計に抱えるのかと思ってしまいます。地価の変動リスクを抱えながらお金を借りているとは、ずいぶん余裕があるご立派な人なのでしょう。

借り換えとかなんとかやるくらいなら、さっさと土地を売って賃貸にしたほうが楽でしょう。賃貸なら、地価の変動リスクはなくなります。

お金があり余っていて、ほかに使うことがないのなら、家を買うのもいいでしょう。しかし、ギリギリの家計でローンを組まなければいけない人は、わざわざそんな大きな買い物をしなくてもいいように思います。

家を買うとなると、ローンの期間がすごく長くなりますから、そのあいだに土地の価格が下がるリスクが出てきて、35年ローンなどといったときには、これはもうとんでもないリスクです。しかも、価値が下がるときには、自分のせいではなく、勝手に周囲の状況で下がってしまうことがあるのです。

2019年の台風19号で水没の被害にあった武蔵小杉《むさしこすぎ》（神奈川県川崎市《かわさき》）のタワーマンションなどは、その最たるものです。だいたい、あのあたりに水が出ることは、土地の人ならみんな知っている話です。昔から東京に住んでいる私のような人間は、ああいうところには住もうと思いません。

それを知らずにタワーマンションを購入した人たちは、ローンのリスクのほかに、環境リスクまでも抱えてしまっていたわけです。

リース――「所有することのリスク」から自由になる

車を買うのとカーリース。どちらがいいかというのも、「持ち家と賃貸住宅のどちらがいいか」と基本は同じです。

自分で持てば、いつも使えるから、その点では気楽と言えば気楽ですが、何かがあったときには資産価値が減ってしまうリスクがあります。

資産としては、家が数千万円だとすると、車は数百万円なので、リスクは10分の1程度ですが、そのリスクがあることは事実です。いちばん大きなリスクは交通事故でしょうか。事故で廃車になれば、もちろん資産価値はゼロになります。

リースの場合は、自分で持っていない代わりに、ずっと保険をかけているようなかたちですから、自家用車を持つより、その分だけお金がかかります。毎月のリース代ということで保険コストをかけて、それで自分にかかるリスクが軽減されているというかたちです。

だから、気楽であることは間違いなく、もし私がおすすめするなら、短いリースで、新しい車に年中替えるやり方がいいように思います。

自分で一度持ってしまうと、廃車になるまで持つような感じになるでしょう。もちろん、車を買い替えるときに中古で売ってもいいのですが、それだったら、もう最初からリースにしておいて、ある一定期間になったら新車に替えるほうが簡単でしょう。中古で売って買い替えるかたちだと、そのときの価格がどうなるかも明確ではありません。

「ＥＶ（電気自動車）化」や「自動運転」などの技術革新も間近に迫っていて、いまの自動車の価値が数年後にはほとんどなくなってしまうことも考えられ、そうなったときには、ちょっと大変でしょう。私だったら年中、新車のリースを受けているほうが楽でいいと考えます。

自分で車を持てば、自動車税などの費用もかかり、そのための手間も面倒くさい。売却したときには所得税もかかってきます。新車登録など、さまざまな手続きもすべて自分でやらなければなりません。しかし、リースなら、そのあたりもすべてリース代金に含まれています。その分だけリース業者にお金を払うのは事実ですが、税金や手間のことを考えたら、やはりリースのほうが簡単でしょう。リースなら多少ぶつけても「まあ、いいや」となるかもしれませんし、いろいろとお得です。

車の所有者はリース会社ですから、車検のことも自分で考える必要がありません。税金の控除や減価償却などの計算をすることもありません。

ローンではなく現金一括で買う場合なら、ローンの利払いがなくなる分だけ得しますから、たくさんお金を持っていれば、それもいいでしょう。とはいえ、ある一定期間が終わってしまえば、どっちもどっちで、いろいろな手間を考えれば、やはりリースのほうがお気楽だとは思います。

そう言いながら、じつは私自身は車を買っています。

本当はリースのほうがいいのかもしれませんが、私の場合は家族の周囲に自動車関係の人がいて、その人たちのことを考えたら、新車を買って、ずっとそこにお世話になったほうが、人間関係が円滑になっていいという理由からのことです。

言うことと実際の行動が違っているのですが、私もつねにエコノミックな観点だけで考えているわけではなく、人間社会のなかで生きている以上は、いろいろな人間関係に配慮することも当然あります。

ともかく、そういった人間関係のしがらみがまったくないのなら、リースのほうがお気楽でしょうということです。

まだカーリースはそれほど広がっているわけではありませんが、これはリースのメリットがまだ伝わっていないからかもしれません。ただし、会社経営をする立場なら、やはり今後は自社で購入するよりリースになるのではないでしょうか。自社で車を所有して毎年減価償却などの税務計算することを考えれば、リースのほうがはるかに簡単です。

　また、最近ではカーシェアリングというのもあって、自分で保有してないからお気軽だとは思います。ただし、これが浸透し切っていないいまなら、まだ空いていることも多いのですが、カーシェアリングが人気になったときには使いたいときに使いにくいという難点は出てくるでしょう。また、毎日のように頻繁に使うのであれば、リースか所有のほうが便利であることは間違いありません。

「最近の若い人が車を欲しがらない」という話をよく耳にしますが、これは車にかぎった話ではなく、また最近の若者にかぎった話でもなく、何に関してもレンタルが一般化すれば、そのほうがいいと考える人は多くなるものです。

　典型的なのが成人式の着物です。年中使うわけではないから、所有欲がある人は所有することで満足感を得るので別ですが、サービスというか、機能だけを考えれば、その日だけ借りたほうがいいと割り切る人のほうが多いでしょう。

　車も着物も、使うことに意義を見いだすのなら、所有かレンタルかの違いは、さしたる問題ではないのです。

バランスシート①――会社に文句を言う前に見るべし

京都市に財政破綻の危機が迫っているとのニュースがありました。これは会計の勉強にはいい材料です。会計の知識があれば、自分が勤めている会社の財務状況がどうなっているかということもわかるようになります。

自分の会社のこともよくわからないのに、自社の批判というか、愚痴ばかりを言っている人もいるのでしょうが、会社の財務状況は結構簡単に知ることができます。

自分の会社の損益計算書を見ている人は結構いるでしょう。今年度の利益がどうだったかと見るときなどは、もちろん損益計算書が重要になります。ただし、会社の財務状況を知るうえでいちばん簡単なのは、バランスシートを見ることです。

「みなさんは自分が勤める会社のバランスシートを見たことはありますか？」と質問をしたときに、大部分の人は見たことがないと言います。しかし、これは見たほうがいい。

普通の会社であれば必ず公告をしますから、そのときには、なんらかのかたちでバランスシートも公表します。どんな企業でも銀行からの借り入れはあると思いますが、バランスシートがなければ銀行は貸してくれませんから、これは必ずあります。逆に、つくっていないとなれば、それはほとんど商法違反の世界ですから、これを見せられないような会社は危ないので、早々に辞めたほうがいい。

サラリーマンの人には、ぜひ自分の会社のバランスシートを見ることをおすすめします。これを見もしないで会社の文句を言うのは、もうやめましょう。

では、バランスシートをどう見ればいいのか。

バランスシートの左側には資産が書いてあって、資産というのは、会社が持っている預金や有価証券、土地、建物等々の金額です。

右側には負債が書いてあって、これは簡単に言えば借金です。そこには銀行からの借り入れだけでなく、株主が出資したお金や会社の純利益も入っています。

資産と負債は大小関係がはっきりしていなければダメで、資産が負債より大きくなければ、その会社はアウトです。すぐにつぶれます。

これは債務超過といって、債務より資産が小さいということは、お金を貸しているほうから見れば、最後に企業を分解して返してもらおうとしても、資産のほうが小さいのだから、自分たちが貸したお金がすべて返ってこないことを意味します。これはもう破産申し立てをしなければいけないような状態です。逆に言えば、資産が大きくて負債が小さければ大丈夫だということです。破産するかしないかは、この資産と負債の大小関係でほぼ決まります。

会社経営を続けていけば、帳簿上で資産と負債が同じになることはありません。

会社を立ち上げた最初は銀行から借りてきたお金で事務所の机などを買ったりして、そのときには借り入れと買ったモノの値段は同じですから、資産と負債は同じになります。その後、利益があれば、資産のほうが大きくなります。

初めてバランスシートを見たときは、左側の資産と右側の負債の合計金額がそれぞれ同じになっているので戸惑うかもしれません。

しかし、注目すべきは右側の負債に含まれている「純資産」の項目で、会社としての儲けは、そこに積み上がっていきます。

バランスシート右側の負債の合計額から純資産の項目にある金額を差し引いて、その額より左側の資産の合計額が大きければ大きいほど優良企業だというのが基本的な考え方になります。

バランスシート②――東京都はコロナ対策に10兆円出せる

この基本は、企業だけでなく、じつは自治体でもまったく同じです。自治体に株主はいませんが、自治体の財政がうまくいっているかどうかを見るには、バランスシートの左側の資産と右側の負債の差額がいちばん重要になります。

ただし、ひとつの自治体のバランスシートだけを見ると、どれほど優良なのか、あるいはダメなのかがわかりませんから、似たようなものをいくつか比べて見てみます。

京都府だけを見ると、それがどの程度かがわからないので、同じような大都市である東京都、大阪府、愛知県と見比べるのです。

2021年時点でのバランスシートを見ると、京都府は資産が2・9兆円で、負債が2・7兆円となっていて、その差額は0・2兆円です。プラスですからまだ破綻はしませんが、この数字はあまりよくありません。

愛知県を見ると、資産8・3兆円に対して、負債は6・0兆円で、その差額は2・3兆円です。大阪府は一時期悪かったのですが、最近は少々盛り返してきて、資産7・9兆円、負債6・3兆円で、差額は1・6兆円のプラスです。こうして見れば、愛知県がいちばんお金持ちで、次に大阪府、京都府となっていることがわかります。

東京都は別格です。資産35・2兆円に対して、負債はわずか6・5兆円で、その差額は28・7兆円にもなります。東京は数多くの会社があって、そこからの税金をしこたま貯め込んでいる構図がここからは見えてきます。

だから、小池百合子《こいけゆりこ》都知事が「お金がない」と言ったとしても、それはウソです。断言できます。バランスシートを見れば、お金が隆々と積み上がっていることは明白です。

新型コロナウイルス対策にせよなんにせよ、10兆円くらい出したところで、なんともないくらいの財務状況にあるのです。

こういうものを見れば、政治家やマスコミが言っている話のウソがみんなわかるでしょう。数字は明らかですから、言い訳のしようもありません。

ちなみに、少々自慢をさせてもらえば、この手の数字を各自治体が出すようになったのは2006年ごろ、私が総務大臣補佐のときに制度としてやらせるようになってからのことです。最初はいろいろなところから文句を言われましたが、いまでは、こうして数字を見るだけで各自治体の財務状況がわかるようになりました。財政が危ないと言っても、バランスシートを見れば、それがウソか本当かは明白です。

とはいえ、いま示した数字を見ると、京都府がいちばん危険水域に近いことはたしかです。財政に余裕がなくなってきていることに間違いはありません。

京都府のほかの数字を見ると、毎年だいたい1兆円規模の予算をつくっています。1兆円規模の予算というのは、だいたい1兆円の収入があって組まれるものなのですが、京都府自前の収入は6000億円くらいですから、バランスシートのプラスが2000億円というのは、かなり危うい状態です。

一般企業ならコストカットをしつつ利益を上げていこうとなるわけですが、自治体としては行政支出を見直さなければいけません。

京都府の場合は独自支出が多いのですが、独自支出は、財政に余裕があるときにはできても、余裕がなくなれば、ちょっとそれをやめてみるのもひとつのやり方です。

収入を増やすとなると、景気をよくしなければなりませんから、これは簡単ではありません。京都なら観光客をたくさん集め、そこで上がりを取るのが常道で、コロナ禍が去って観光が復活すれば、京都の観光業界が盛り上がって税収も上がってくるという未来はあるでしょうが、これはいますぐに計算が立つものではありません。観光に依存する自治体にとって、依然コロナ禍の悪影響が残る現状はなかなか大変です。

ただし、ほかの大都市と比べると苦しいと言っても、この数字においては、すぐに危なくなることはないように見えますから、「財政危機だ」とばかり言うのではなく、このような数字によって説明するほうが、京都府民も納得できるのではないでしょうか。

だいたい、この手の話になったときに、政治家はバランスシートを見ていないし、マスコミにいたってはバランスシートを読み取る能力もないから、見たところで内容がまったくわからない。だから、正しい報道がなされるはずもありません。

本当はマスコミがバランスシートを取り上げて「こういうところに問題がある」と財務分析をして、それを一般に伝えるべきなのです。自分たちでは理解できなくても、公認会計士なりの専門家に解説をさせればいいだけの簡単な話だと思うのですが、なぜやらないのでしょう。

なお、バランスシートの話は家計にも応用できます。

日々のお金の出入りをつける家計簿だけでなく、家計全般について、こうしたものをつくってみれば、一家の現状がはっきりするでしょう。

もし銀行借り入れを狙う場合にも、これがなければ貸し出しができませんから、こちらが内容を伝えれば、銀行マンがこれをつくってくれます。

ベーシックインカム①――どの国も導入しないのには理由がある

2021年8月ごろに竹中平蔵さんが言ったことで話題になったベーシックインカムですが、これが何かということについては、言う人によって違うところもあります。

簡単に基本のところを言えば、「誰でも一定のお金がもらえる」ということになるでしょう。

いまも、われわれは年金や医療などの公的サービスを受けていて、必要に応じて生活保護も受けられます。

ベーシックインカムとは、こうした社会保障に必要なお金を一定の金額を定めて最初に国民全員に配るかたちにすれば、そのほうが行政的にも楽だろうというところから出てきた話です。

ベーシックインカム肯定派には二つのパターンがあり、ひとつは「いまの行政システムのように誰にいくらと細かく分けて保障するのではなく、行政の効率化のためにも国民全員一律に配ったほうがいい」というもの。もうひとつは「所得の有無にかかわらず、誰でも最低限の保障として、生活保護のような申請をしなくても、最初に一定のお金をもらえるようにすべきだ」という考え方です。

しかし、ベーシックインカムはまず制度設計が難しい。そのために世界でやっている国はありません。

なぜ、難しいのかと言うと、その理由は明快で、年金とか医療はもともと保険システムとして設計されているからです。保険においては病気の人とか長生きした人など、保障する対象を絞ってお金を支払うのがその原理です。

それを、みんな平等に配ろうというときにどうなるかと言うと、一般の国民が支払う保険料と国が分配する保障費用が同じになります。ベーシックインカムを言う人は、この保険の原理がわからなくて、「社会保障の金額が何十兆円もあるのだから、それをみんなに配ればいい」と言うのですが、払うばかりでは、いつかは財源が底をつきます。

「すべての人に最低保障を」と言ってそれを払ったら、そのほかに保険料を取ったりする制度はできませんから、結局、国が社会保険料に使うためのお金を全国民に分配するだけのことになります。

コロナ禍において一律10万円が支払われた定額給付金のようなものを毎月やるために、現状で国がやっている社会保障をやめて、いまは社会保険料として払っているお金をベーシックインカムに回そうということです。そうでなければ、社会保障とは別の定額給付金を毎年ずっと支払い続けることはできません。

毎月、国民全員に10万円払うとなったら、1年で120万円。120万円を1億人に払ったら120兆円です。

これほどの高額になると、ほかの財源からは、とうてい調達できません。

国債を発行して、その120兆円に充てようとしても、それをずっと続けてやることになれば、結構なインフレ率になってしまいます。

だから、「インフレには絶対ならない」という前提に立たないことには、そのようなことはできません。デフレが続いてインフレ目標に達しないときであれば、お金を刷ることで、これを行うこともできそうです。しかし、いったんインフレになれば、ものすごく進行することになるでしょう。

定額給付金があったからベーシックインカムもできると言う人は、きっと目先の1年だけのことしか考えていないか、計算した数字によって将来を予測することができないのでしょう。

社会保障の財源を集めてきてベーシックインカムを実現したとして、では、そのときに社会保障をどうやったらいいのかは答えがありません。だから、なかなか難しい。おそらく、竹中さんも、このあたりのことをわからないで言っているのでしょう。

ベーシックインカム②——「1＋1を4に」と言うような制度設計

実現可能な制度であれば、どこかの国に先例があるものです。しかし、どの国にもベーシックインカムの先例がないのは、それはやはり、ベーシックインカムの実現がものすごく難しいことの表れです。

ベーシックインカムの難しさは、やはり財源であって、社会保障の財源を持ってきたら社会保障の原理に矛盾してしまうし、財源のために新たに国債を発行すると、ものすごいインフレになる。

そのため、世界中でベーシックインカムを恒久的な制度としてやっている国はないのです。

経済の理屈がわかっていない人は、「それなら、何か財源を生み出せ」と簡単に言うのですが、理屈がわかっている人から見れば、「この制約があるからできない」という答えになってしまいます。「ベーシックインカムにかかる毎年120兆円の財源を、インフレを起こすことなく、社会保障も現状を維持したままで、どこかから生み出せ」というのは、1＋1を4にしろと言っているのに近く、それは私にだってできません。

再度の定額給付金ということなら、1回や2回はできるでしょう。ただ、これをやるにしても、各人が申し込んでから配布するという前回のやり方は時間も手間もかかるため、普通の人は我慢できないのではないでしょうか。もうちょっとスピーディーにやれないものかと言いたくなります。

時間がかかった理由のひとつは、事務を地方にやらせるのか、国がやるかの違いで、地方に業務をやらせると、地域のすべての人に申請書を送って、それを返送してもらうやり方になってしまいます。

スピーディーにやるなら、国の仕切りで「政府小切手」というものを最初から配ってしまうやり方が考えられます。政府小切手とは選挙人名簿に書いてある名前のこの人にお金を払いますという小切手で、国民の住所などのデータは選挙人名簿でわかっていますから、そこに一斉に送ればいい。もし、ほかの人がそれを受け取って銀行に持って行っても、「あなたは違うでしょう」と言われ、お金はもらえません。このやり方なら早くできるでしょう。

この場合、未成年の人には給付できませんが、それは親がもらうということでしょうがありません。

マイナンバーを利用する手もあるのですが、いまのところ、マイナンバーの用途というのも限定されているので、ちょっと難しいかもしれません。せっかくのマイナンバーを必要に応じて使えないのはおかしなことですが、「国民総背番号制はいけない」と言ってマイナンバーに反対している人がいるから、現状においては中途半端なものになっています。

国民のプライバシーの秘密を漏らすことはいけませんが、さまざまな手続きを円滑にするために行政のほうで情報をうまく活用することは必要でしょう。しかし、マスコミや野党をはじめとした「何がなんでも、とにかく反対」の人たちは、デメリットばかりを強調して、メリットに耳を貸そうとしません。これはマイナンバーにかぎらず、ワクチン接種、原発稼働など、さまざまな場面で見られる特徴です。

レジ袋有料化——「法律」ではなく「規則」にした政府の思惑

コンビニなどで買い物をすると、「袋は持っていますか?」と聞かれて、それで袋がなければ、3円とか5円を上乗せされてレジ袋を購入することがあたりまえになりました。

これにカチンとくる人もいるでしょうし、その気持ちは、私もよくわかります。

レジ袋有料化は法律ではなく規則なので、これをやめることは簡単です。法律にもとづく規則で決まったことですから、法改正の必要はなく、結構簡単な手続きで変更できます。

そもそも、このような国民に対する負担を課す類いの話は法律できちんとやらなければいけないという原則があります。そのように考えると、レジ袋有料化を規則でやってしまったのは原則を逸脱しています。レジ袋有料化が良いか悪いはいったん棚に上げたとしても、手続きとしては、あまりいいものでないことはたしかです。こういうことは法律できちんとやるべきなのです。

なぜ、レジ袋の有料化などをやったのか。日本学術会議の提言だということで、そのときの会長だった大西隆《おおにしたかし》さんは土木の人なのですが、新聞で自慢げに「やりました」と言っていて、これには私も笑ってしまいました。こういうことはあまり自慢しないほうがいい。

この決定に対して、「やっぱりレジ袋有料化というバカ政策は学術会議か。これを自慢するのは自らの無能を曝《さら》け出す学術会議らしい笑笑」とツイートしたら、「髙橋はデマを書くな」「学術会議がやったのはプラスチックの研究で、レジ袋は安倍政権でやったことだ」「安倍政権を髙橋は否定するのか」などと批判が寄せられました。

まあ、バカな政策であれば、安倍さんがやろうが、誰がやろうが否定します。実際、レジ袋を有料化して減らしたところで、何も大したことはなく、「気合い」みたいな話でしかありません。

気合いを入れるのが悪いとは言いませんが、本当にレジ袋有料化が必要だと思うのなら、法律改正できちんとやればいい。しかし、この政策を主導した経済産業省には、そこまでの勇気がなかったのでしょう。

役人的な視点で言えば、経産省は小売業者に対する規則として裏技を使ったのです。「規則に従わなければ営業取り消しにする」など、いろいろあって、それでみんな従っているのが実際のところです。

「こんな負担をかけるやり方に正当性があるのですか」と誰かが訴えたときに裁判がどうなるのかはわかりません。それでも、法改正をせずにやったことを攻めれば、そこはこの規則の弱点になると思います。

「レジ袋の有料化が良いか悪いか」については言わずに、手続きの部分の問題点を指摘するのです。手続きミスとなると、内容とは関係なくアウトですから、役人からすればいやでしょう。

じつは、役所はこのレジ袋有料化のようなことをよくやります。本当は正々堂々と法律でやればいいのに、そうではなく、規則や通達でやってしまうことが結構多くあるのです。

役人が正々堂々と行かないときは、どこか後ろめたいところがあるケースが多いように思います。税金などは国民の負担になるから正々堂々と法律改正をするのですが、そうしなかったことがポイントです。しかし、マスコミはそのような法的根拠のところを見ていないからわかりません。第2次安倍政権のときに問題とされた加計《かけ》学園のことでも、「法律でOKのことを通達で止めてはいけない」という、良いか悪いかとは別の次元の、すごく基本的な手続きの問題があったのですが、そこをマスコミは見ようとしません。

ともかく、レジ袋有料化のメリットは「気合い」しかありません。これによって環境問題への関心を高めていこうというだけのことです。

レジ袋を有料化したところで、実際の環境への影響は数値的に小さなものにすぎないことは当時の小泉進次郎《しんじろう》環境大臣も認めていることです。レジ袋を全廃したところで、環境への影響はたかが知れています。

格差社会――日本の資産家は「パナマ文書」に載らないレベル

小泉構造改革とはなんだったのか。

これは非常に簡単な話です。やったことは道路公団の民営化と郵政の民営化。この二つだけなのです。

その両方に私はかかわりましたが、構造改革というときに、2003年の労働者派遣法改正とか、そちらのことばかり言われることが不思議でなりません。

派遣法は1985年に中曽根康弘《なかそねやすひろ》内閣で立法され、その改正は1990年代から徐々に進められてきました。小泉政権での改正は、その流れのなかでやったことです。そもそも、派遣労働は世界のどこにでもあるもので、むしろほかの国々のほうが多いくらいです。

派遣法改正を批判する人は、そのような世界の常識を無視して、何か日本だけが特殊で派遣が多いように言うのですが、派遣労働者の割合で言えば、日本は世界の平均よりちょっと下くらいではないでしょうか。

格差を計るにはジニ係数（77ページ参照）というものを見るのですが、このジニ係数を見たかぎりでは、日本において格差は広がっていません。

一般的な話をすれば、高齢化が進めば格差は広がります。大学を出たときには初任給の差はそれほどないでしょう。しかし、その後は出世する人もいるし、そうでない人もいて、どんどん給料の差は広がっていきます。そうすると、年齢が進めば進むほどその差は広がっていくことになり、国民の平均年齢が高くなれば、おのずと格差は広がるのです。

身近な例で言えば、同窓会です。就職して間もなくのころには同窓会をよくやりますが、私くらいの年齢になるとやりません。すごく格差が開いているから、やってもおもしろくないのです。残念ながら事実はそういうことです。

世界的に見ても、日本の格差というのは平均くらいではないでしょうか。日本の場合は、小金持ちはちょっと多いのですが、ものすごいお金持ちというのはあまりいません。

格差が広がっていると言っても、それが何と比較して「格差が広がっている」と言うかによっても違ってくる話です。

中国と比較したときには日本のほうが格差は小さいでしょう。中国共産党幹部の子どもともなれば海外で生活することがあたりまえですが、日本の環境で海外生活をしている人はめったにいません。

日本ではよく話題になる元ＺＯＺＯの人でも、その資産はせいぜい１０００億円台のレベルでしょう。海外の創業者なら1兆、10兆と、桁が一つも二つも違います。

２０１５年にいわゆる「パナマ文書」が発覚し、そこには世界中の資産家たちの脱税の証拠などが記録されていたわけですが、日本人の名前は出てきませんでした。それくらい日本人の大金持ちは少ないのです。

日本の格差は、しょせんそのレベルの話で、それでも昔に比べてちょっとは広がったと言うかもしれませんが、ジニ係数で全体を見たときには、まったく広がっていません。

派遣労働者は世界のどこでも多くなっているもので、派遣労働法の改正は就業形態の多様化の一環で認めようということにすぎません。

そもそも、日本でよく見られる終身雇用など世界のどこにもありません。世界には派遣などいろいろな労働形態があるから、日本もある程度は合わせないと困るというだけのことです。そして、その改正は小泉構造改革とは関係なく、1990年代からやっていることで、世界の趨勢《すうせい》もそうだから、それに合わせて少しずつ変えていったのです。

それなのに、なぜ小泉政権が槍玉《やりだま》に挙げられるのかと言えば、竹中平蔵さんが人材派遣会社の大手であるパソナの会長になったからでしょう。

パソナに行けば悪者にされるだろうとは、私も当時思いました。とはいえ、竹中さんはお飾りで行ったようなもので、パソナの実務にはかかわっていません。

そもそも、竹中さんは学者であってビジネスマンではないのですから、そんな人に仕事をさせたら、わけのわからないことを言うに決まっています。それだと、パソナにとっても面倒くさいだけで、意味がありません。

私が竹中さんの補佐官をやっていたときも、竹中さんは政治家でありながら学者的な言動が目立ち、いろいろ批判を受けました。それでも竹中さんが悪く言われるから小泉さんが悪く言われないようなところがあって、小泉さんに批判が集まらないように、あえて竹中さんが弾除《たまよ》けの役割を引き受けていたようにも私には感じられました。

竹中さんは本質的には学者ですから、いくら政治的な批判を受けようと関係ありません。それで、みずから弾除けになることで、小泉総理をはじめとしたほかの人に恩を売っているようなところがあったのではないでしょうか。ただし、これは「あれだけ批判を受けながら当時、反論しなかったからには、何か思うところがあったのではないか」と私が推測しているだけで、本心はわかりません――。

人口減少社会――「一人あたりの金額」を見れば問題はない

9年くらい前、安倍さんが自民党の総裁選に出るときに、「少子高齢化で、もう日本は成長しないとみんなが言うけれど、それに対しては、どう言ったらいいの？」と電話がかかってきたことがありました。

安倍さんから電話がかかってくるのは、だいたいテレビの討論番組の直前なのですが、このときの質問に対しては、「少子高齢化になっている国は世界中に20～30カ国くらいあるけれども、日本以外の国は、みんな成長していますよ」と言えばいいとアドバイスしました。

そして、もうひとつ、少子高齢化は将来を予測することが簡単だということも伝えました。

要するに、「5年後にはこれくらいの人口になる」ということについて、かなり正しい予測ができるのです。死ぬ人の数はだいたい年齢で決まるもので、ある程度の年齢になれば亡くなっていきますから、これを予測することは難しくないのです。

そうすると、少子高齢化というときに、5年後、10年後にどれくらいの人口比率になるかの予測が立ちますから、そうすれば、そのときの問題点もわかります。予測ができて問題点もわかれば、その対応策を、そのときまでに準備すればいいだけのことです。

国家として少子高齢化になったときに、いくつかの制度で困ることはたしかで、たとえば年金がそうです。しかし、労働人口がだんだん減っていくことになれば、それに応じて給付額を減らしていけば辻褄が合います。では、そのほかに少子高齢化で何が大変なのかと言うと、多くの制度においては、それほど大変になることはありません。大変なものがあったとしても、その対応策を立てればいいだけのことです。

ある新聞などは、「少子高齢化になると、老人がたくさん死ぬから、火葬場が足りなくなる」などと、じつにくだらないことを書いていましたが、それなら、いまから火葬場を増やせばいい。予測できる話は対応策が簡単に立てられるのです。

日本以外の少子高齢化の国は、みんなそのようにして対応策を練っているから大した問題は起きていません。一般的に少子高齢化で大変になるのは働き手がいなくなることですが、そのときには自動化できる部分を増やして機械に頼ればいい。それで終わる話なのです。

いままでの経済学には「人口が増えたら大変だ」との言説がたくさんありました。なぜかと言えば、人口はネズミ算式に増えますが、食べものの増え方はネズミ算ではなく、比例的にしか増えないからです。ネズミ算式に人口が一気に増加すると、一人あたりが得られる生産物が少なくなり、それが大変だというのが、これまでの経済学の課題でした。

では、人口が減ることで、どのような悪影響が生じるかとなると、生産量が一定なら、一人あたりの生産物が増えますから、人口が減ることで大変になることは少ないのです。

人口が減れば、需要も減りますが、それと同時に労働人口も減ります。このときに一人あたりで得られる金額を見ていけば、人口減少は、さほど大きな問題とはなりません。

データでも、一人あたりのＧＤＰは所得とイコールですから、人口とまったく関係ありません。これは、すでに科学的証明がなされていることです。需要が減ったとしても、同時にその会社で働く人も減りますから、一人あたりの稼ぎは少子高齢化の以前とそれ以後で、だいたい同じになります。

人口が減少すれば、日本全体としてのＧＤＰは減るでしょうが、では、日本全体で足し算することに何か意味があるのかという話です。

たとえば、売上1億円の会社に従業員が10人いて、一人あたりの給料が１０００万円だとすると、賃金の総額は1億円が必要です。需要が減って、この会社の売上が９０００万円に減っても、従業員が一人減れば、一人あたりの給料は以前と変わらず、１０００万円になります。

あまりにも単純すぎる例ではありますが、基本的には、このようにまったく大した話ではないのです。

GDPが減れば、日本が成長していないように思うのかもしれませんが、そもそもGDPは人口と給料の掛け算ですから、人口が減ればGDPが減るのもあたりまえのことです。売上が落ちても、従業員も減れば、給料は変えずに済みます。

GDP――「世界何位か」と騒ぐことに意味はない

GDPとは、たんに全国民の所得を足したものにすぎませんから、人口が減ればGDPも減るし、近年GDPが増加している中国は、一人あたりの稼ぎは少なくても、人口が多い分だけGDPが大きくなっているだけのことです。

「日本のGDPが下がった」と言っても、本当は一人あたりで見るべきで、そこを見誤っているのです。実際にはGDPを人口で割り算した数字だけを見ればいいのであって、その数字と人口の増減とは関連しません。GDPが世界何位だと騒ぐことに意味はないのです。

ちなみに、日本の一人あたりの稼ぎは、だいたい世界で20位くらいになります。その意味で、そこそこの先進国だと言えます。「世界2位の経済大国」などと聞いて育った人からすると、いまになって順位が落ちたように思うかもしれませんが、実際には昔からそれくらいでした。

昔もいまも、そこそこ豊かな国ではありますが、GDP2位だ、3位だと聞いて、日本が世界1位に迫るような豊かな国だと考えるのは大間違いです。

GDP2位だ、3位だというのは、人口が多いからというだけのことです。人口が多いほうが絶対にGDPも大きくなりますから、アメリカや中国など人口が多い国が上位になるだけのことで、国の豊かさを考えるときにGDPを見ることが間違いなのです。

ちなみに、GDP世界2位とされる中国の直近の一人あたりの1年間の給料は約1万ドル。中国に抜かれて世界3位になったと言われる日本は約4万ドルです。マスコミなどは、そこがわからないでしゃべっているだけなのです。

どの国も一人あたりのGDPをどうやって上げるかだけを考えています。一人あたりで考えているのですから、人口の増減はまったく関係ないことがわかるでしょう。

中国はかつての一人っ子政策で日本以上に少子高齢化が進むと言われていますが、それも関係ありません。少子高齢化を問題視するような人は経済学の無知をさらしているだけです。そして、そんな言説に納得してしまう人も、やはりわかっていないだけなのです。

「子どもが少なくなって年寄りばかりになったら大変だ」とイメージだけで考える人は往々にして騙されがちです。

このような考え方は、逆に私には理解できませんが、きっとロジックがない人がイメージに頼るのでしょう。

実際にも数字の苦手な人は多く、そういう人は話をしていても数字の部分をパスしてくるので、どうにも会話が通じません。こちらが数字で説明しても耳に入らないのです。

本当に重要なのは、ＧＤＰが世界2位だ、3位だということではなく、あくまでも一人あたりの数字なのです。

税金の還元率――スウェーデンは還元率も税金も高い

ときどき、「北欧のスウェーデンは税金の還元率が高く、日本は還元率が低い」などととんでもないことを言う人がいて、私などは、何をもってそのようなことを言っているのかが理解できずに困惑してしまいます。

平均的な話をすると、どの国も、みんな還元率は１００％です。税収で入ってきたものを誰かが着服しないかぎり、出ていくのは１００％です。スウェーデンが１００％以上のはずがなくて、たくさん税金を取ってきて、たくさん配っていると言う国だと言うだけです。

日本はそうではなく、中くらいに取って、中くらいに配っていて、還元率は同じく１００％です。日本より税収が低い国でも集めてきた分は出すから１００％。平均的にはみんな１００

%になります。

どこの数字を持ってきて日本は違うと言うのか、まったく理解できません。仮に日本の還元率が100%より下だったら貯め込んでいるという話になりますが、貯め込んだときには政府のバランスシートにそれが表れます。私は政府のバランスシートをつくった人間ですが、どのように見ても貯め込んではいません。

「スウェーデンはいい国だ」という先入観だけでそういうことを言うのでしょう。そうやって感覚でしゃべったところで、数字で見れば、みんな100%です。

個人が払った税金と還元される割合ということで考えれば、それはたしかに違うでしょう。所得が高い人のほうが、より多く税金を払っていますが、給付は平均的なところでみんな同じになりますから、所得が高い人は還元率100%を切ることになります。たくさん払っても、その100%を受け取ることはありません。

だから、こういうことを言う人は自分のことを言っているのかもしれません。「自分はたくさん払っているのに、その分を還元されていない」と言うのであれば、それはまあ、わからないこともありません。

逆に、今回の新型コロナウイルス対策で持続化給付金をもらった人は、払っているよりたくさんもらっているという意味では還元率100%以上だろうとは思います。

北欧の国の社会福祉がいいというのは、たくさん税金を取ってきて、たくさん福祉に回しているだけのことで、少しだけ税金を取られて、少しの給付を受けるのとどちらがいいのかと言えば、理屈のうえではどちらでも一緒です。

日本の場合、どこに税金が還元されているのかと言えば、たとえば医療費は国民の10割負担ではないでしょう。そこで還元されているわけです。普段、こういうことを意識していないから、わかりにくいというだけのことです。直接もらわないことにはわからないというのはしかたがないことだとは言え、いくらか無知がすぎるように思わなくもありません。

国民から収奪して王様だけが使っていたことも昔はあったでしょうが、民主主義国家においては、少なくとも取った分の税金はみんな国や国民のために使うことが基本です。

民主党が政権を取ったときには、さかんに「埋蔵金」などと言っていました。たしかに、特別会計のなかで見たときに、ちょっと貯め込んだものがあったので、私がそれを指摘して、すべて吐き出せと言ったら、すぐに出しました。そういうことは、ごく一部の会計でときどきありました。日本が国家としてやっていたわけではなく、ごく一部の会計で貯め込んでいたのがあったから、それは吐き出せと言うだけのことです。

雇用保険の特別会計というものがあって、雇用保険料というのは給料の1・6％もあったのですが、それを失業率が低くなったために貯め込んでいたこともありました。しかし、それも、私があるテレビ番組で「雇用保険料を下げて還元しろ」と指摘したら、実際にそうなりました。コロナ禍で雇用調整助成金というのがありましたが、それに貯め込んでいたものをすべて吐き出させています。

このように、政策や状況の変化によって貯まっていくものがときどきあって、埋蔵金というのはその一種です。それでも、最近はあまりそういうものはないように思います。私は財務諸表を年中見ているので、そういうものがあれば、すぐにわかります。

財務諸表やバランスシートを見慣れれば簡単にわかることですが、これらを読めない人たちにはわからないのでしょう。

新聞はこういうことを書きませんが、財務省のホームページに間違いなく掲載されているのですから、それを見ればいいだけの話です。

第5章

「経済オンチ」が犯した「ド文系政策」の大罪

——経済学的にありえない「レッテル貼り」が日本を滅ぼす

「財政が破綻する」と言わないとテレビに出られない

テレビは年がら年中「大変だ、大変だ」と言っていますが、実際の中身は本当に大したことがありません。私が知っている分野に関して言えば、テレビで言っていることはほとんどウソです。最近では、矢野康治《やのこうじ》財務事務次官が月刊誌で「財政が破綻する」と言って話題になっています。

何かにつけては「財政が大変だ、大変だ」というのも、もちろんウソ。「ハイパーインフレになる」というのも、これは私の専門の分野ですから、すぐなることはないと確信を持って言えます。テレビで言っていることで正しい内容はないと心得るべきでしょう。

矢野次官の論考についても、次のとおり間違いです。

まず会計学から。矢野次官が「財政が危機である」としてデータで示しているのは、線グラフの形状から「ワニの口」と称する一般会計収支の不均衡と債務残高の大きさだけです。

すべての政府関係予算が含まれている包括的な財務諸表は小泉政権以降、毎年公表されています。この財務諸表は、しっかりした会計基準でグループ決算が示されていますが、それから見れば、矢野次官の財政データは、会社の一部門の収支と、バランスシートの右側の負債だけしかない欠陥ものです。

ただし、いま財務省が公表している連結ベースの財務諸表には、日銀が含まれていません。日銀は、金融政策では政府から独立していますが、会計的には連結対象なので、財務分析では連結すべきものです。日銀を連結したのは、資産1500兆円、負債は国債1500兆円と銀行券500兆円です。銀行券は無理子、無償還なので形式負債ですが、実質負債ではないので、日本の財政が危機ではないのは、会計の基本を知っていれば明らかです。

次に、金融工学からも問題があります。直近の日本国債の5年CDS（154ページ参照）は0・00188%なので、大学院レベルの金融工学の知識を使えば、日本の5年以内の破綻確率は1%にも満たないのがわかります。これはバランスシートからの破綻の考察とも整合的です。矢野次官が「日本の財政が破綻する恐れがある」と言うのは、降水確率0%の予報のとき、「今日は台風が来るので外出は控えろ」と言うのと同じくらい、私には滑稽に思えるのです。

じつは、この私の意見は、財務省の公式見解になっています。財務省のホームページを見れば掲載されているものです。

あるとき、ニュース解説者として有名な某氏の事務所から、私のところに取材協力の依頼があって「財政が大変なんです。解説してください」などと言ってきたことがありましたが、私がバランスシートを見て「大変ではありませんよ」と言ったら、その後はまったく来なくなりました。協力を依頼された番組は見ていませんが、相変わらず、その人が「大変だ、大変だ」って言っているようですから、きっとそのときの私のコメントも使われていないのでしょう。

彼らにも言論の自由はあるでしょう。私も言論の自由を封じようとは考えません。ただ、「言っていることがウソだ」と言い続けるだけです。

私がそんな調子だから、このごろは地上波でオファーがあるのは『教えて！NEWSライブ正義のミカタ』（ABCテレビ）くらいです。『正義のミカタ』は昔からのつきあいもあるし、好きなようにしゃべらせてくれるので出ますが、ほかの番組は、よほどのことがなければ出ようとも思いません。『正義のミカタ』は大阪の番組ですが、ユーチューブにも番組の動画を上げているようです。

私からすると不思議でならないのは、「日本の財政が破綻する」とずっと言っている人がいて、ずっと外れているのに、なぜテレビはそういう人たちを使い続けるのでしょうか。

視聴者がそれをよしとしているのだとすれば、そんな番組を見ている人は、よほどの情報弱者なのでしょう。

発言が間違っていても、その検証などは絶対にしません。検証などをしたら、テレビがずっとウソをついてきたことがバレてしまいます。

テレビの制作者はウソをついてでも煽らないことには番組が成立しないとでも思っているの

でしょう。今回のコロナ禍についてもウソみたいな情報を流して煽るばかりで、正しいことを伝えなければいけないといった矜持《きょうじ》のようなものは、いっさい感じられません。

私の「さざ波」のツイートのときにも、さんざん私のことをコケにしているテレビのコメンテーターがいました。

前にも述べましたが、私は内閣官房参与としての給料はいっさいもらっていなかったのに、「こんな人に税金から給料が払われている」などと言うわけです。

私が「いっさいもらっていない」と言うと、その後、テレビ局から官邸に対して「本当に給料が払われていないのか」と確認の取材があったはずです。

政府の返答は簡単で、「髙橋さんはいっさいもらっていません。公用車も使っていないし、交通費も払っていません」といったことを答えるだけです。

しかし、テレビ局はそのことをまったく報道しません。ウソのつきっぱなしでおしまいなのです。

「髙橋は財務省に恨みを持っているのだ」などと、まったく面識のない人がテレビで言っていたこともありました。しゃべったこともないのに、なぜそんないい加減なことを言えるのか。

だいたい、私は財務省を蔑むことはあっても、恨みに思うようなことはいっさいありません。

なぜ、なんの問題もないことを煽りたがるのか？

大げさに煽ることしか能がなく、たとえばサンマが不漁だとなれば、すぐに「将来、食卓から魚がなくなる」などとやるわけです。

こういうことを予測するときに、いまの状況から見て「将来どうなるか」というわけですが、実際に予想することは結構難しく、そんなに簡単ではありません。

生態系の話だから、もちろん絶滅してしまうこともあるかもしれません。しかし、私は魚の専門家ではありませんが、魚が世の中からなくなるとは、どうしても思えません。

やっぱり、海があるからには魚はいるでしょう。魚の種類は違ってくるかもしれませんが、それでも似たような魚はきっといるでしょう。

もし本当に日本人の好きな魚がいなくなりそうだとなれば、そのときは、きっと養殖をするはずです。「養殖をするにも、生態系がわかっていないとできない」などと言う人がいますが、昔はできないと思われたものでも、きっといろいろな研究が進みます。

クロマグロが絶滅危惧種だと大騒ぎされていたなか、近畿大学でクロマグロの養殖に成功したのが好例です。ニーズがあるかぎりは、いろいろな技術が開発されていくものです。

仮に天然のクロマグロが絶滅したとしても、ニーズがあれば、似たような魚が養殖され、いずれは食卓に並ぶのだろうと思います。

はっきり言ってしまえば、ほかの科学の世界では、クロマグロの養殖よりもっと不可能だと思われていたようなことが実現されていたりもするわけです。

「中国がサンマの乱獲をしているから日本の水揚げが減ってしまった」と言いますが、それについても対抗策がないわけではありません。

日本の領海は世界でトップ10に入るくらい広いですから、その海の一部を利用して、国を挙げて養殖をするということが、ひとつには考えられます。

サケの稚魚を川に放流するようなことを日本の広い海域を使って行うことも今後は可能になるかもしれません。

牛や鶏などの家畜もそうですが、ニーズがあれば、だんだん養殖にしていって、それで安定的な供給を目指すのはいたって普通のことです。

養殖技術はどんどん進化していきますし、個々の漁師では難しくても、国家レベルでならできることもあるでしょう。

ウナギの生態が不明で稚魚を育てることはできないと言いますが、生き物だから、生態系の調査が進めば養殖の可能性は必ず出てくるでしょう。

いくらいまは不可能だと言っても、この手の話は、長い目で見れば、必ず逆の答えが出てくるものです。「養殖ができなくて魚がいなくなる」と言うのであれば、その一方で、「養殖に成功すれば大儲けできる」と考える人も必ず出てきます。ニーズがあれば、どんどん技術革新はなされていくのです。

テレビは「魚が獲《と》れなくなる」と煽りたいのでしょうが、普通に考えれば、「いつかはなんとかなるでしょう」というテレビ的にはつまらない答えになるものなのです。

それでも煽りたがるのは、煽ることに視聴者のニーズがあるということで、それが日本人の特性なのか、それとも長年テレビに飼い慣らされてしまった結果なのかはわかりませんが、じつはそのことのほうが「魚がいなくなる」とかなんとかと言うより深刻な問題と言えるのかもしれません。

研究開発の「選択と集中」などありえない

内閣府のホームページには「ムーンショット型研究開発制度」なるページがあります。

ムーンショットと言われても、その言葉自体を知らない人がほとんどではないでしょうか。

ホームページでは、「ムーンショット型研究開発制度は、我が国発の破壊的イノベーションの創出を目指し、従来技術の延長にない、より大胆な発想に基づく挑戦的な研究開発（ムーンショット）を推進する新たな制度です」などと説明されていますが、このような気取った書き方では余計にわからなくなるようにも思います。

ムーンとは月のことです。ショットは打ち上げ。かつてアメリカのアポロ計画に際してジョン・F・ケネディ大統領が1960年代の最初に「1960年代のうちに人間を月に運ぶ」と言いましたが、これがムーンショットの由来です。

最初にケネディ大統領がこれを言ったときには具体性もない荒唐無稽な話だと思われていましたが、結果的に、ものすごく多額の資金投入をしたら、できちゃったわけです。

内閣府においても、1960年代のアポロ計画みたいに荒唐無稽で話にならないような計画を研究開発でやっていこうということで、「ムーンショット型研究開発」というのは、そうした新たな研究を月面着陸にたとえて表現しているわけです。

つまり、絶対に無理だろうと思われるようなことであっても、ものすごくインパクトが大きい計画を内閣府のもとでやっていこうという話です。

それまでの研究開発はどうだったかと言うと、よく言われていたのが、「予算がかぎられているので『選択と集中』でやります」ということでした。

しかし、研究開発は何が当たるかわかりません。では、「選択と集中」というときに何を選択するかを誰が判断するのかと言えば、官僚なのです。ド文系の官僚がどうして研究開発のことがわかるのか。どうして、こちらがよくて、こちらはダメと言えるのか。

そう考えると、「選択と集中」などと言うのは最初から破綻しているのです。

私はずっとそのことを言ってきました。同じ理科系であっても、ほかの研究者がやっていることの価値はわかりにくいのに、文系出身の官僚に何がわかると言うのでしょう。

研究している人は、みんな自分がやっていることが大研究だと思っていて、それでも毎年のようにイグノーベル賞を受賞する人は出てくるわけです。

真面目にやればやるほどおかしな研究になることもあれば、取るに足らないようなきっかけで始めたことが偉大な発見につながることもあるのです。

研究とはそういうもので、選択と集中などと言っても、どれが当たる研究かなどということはわからないのです。わからないのに「選択と集中」などと言っても無理な話です。

「1000に三つ」の成果を得るには、ばらまくしかない

研究の本質として、現実には1000に三つくらいしか当たらないものなのです。1000に三つということは、ほかの997は結果的にはムダな研究に終わるのです。文系の人間は

「それでいいのか」と言いますが、やってみなければわからないのが研究なのだから、これはもうどうしようもないことなのです。

自分で研究をしたことがない文系の人には、これがよくわからない。だから、「選択と集中ができる」などと思い込んでしまうのです。

それに対して私が言ったのは、「とにかく研究予算をばらまけ」ということでした。たくさんばらまけば、1000に三つは当たる可能性が出てくるのだから、研究成果を上げようと思うのであれば、とにかくばらまくしかないのです。

内閣府の「ムーンショット」も、そのような思想でやるのであればいいのですが、最終的には官僚が選ぶということになると、ろくなことにならないのではないかと悪い予感がしてしまいます。

誰かがあいだに入って「選ぼう」と思うこと自体が、ほとんど研究開発のことをわかっていない。だから本当は「ムーンショット」などとお題目を掲げる前に、多額の研究開発予算を確保してばらまくほうがいいのです。

ちなみに、2021年の新年度予算のなかにはファンド系の研究予算が組まれていて、そのひとつは「グリーンファンド」。これは地球温暖化対策のために、いろいろな研究をしましょうということで、企業向けの研究資金をファンドでつくってばらまきましょうというものです。

もうひとつ、「デジタルファンド」というのがあって、これは役所のデジタル関係の研究投資をするためにお金をつくっておきましょうというものです。

このグリーンファンドとデジタルファンドは、二つ合わせて5兆円くらいの大規模なものです。そして、もうひとつ、まったく報道されないのですが、「研究ファンド」というものがあって、これは10兆円です。この価値がマスコミにはわからないようですが、ちなみに発案者は私です。第2次安倍政権のときから準備を始め、苦節3年以上かかりました。

最初は文部科学省で予算要求をしていましたが、文科省は財務省に頭が上がりませんから、しかたなく内閣府のほうで、何回もやり直しながらどうにかできました。

もちろん、この研究ファンドの目的は研究費のばらまきです。「選択と集中」などとは言わず、10兆円という大きな予算を、とにかくばらまく。

みんなから「ひどい」と言われ、とくに財務省は相変わらず「選択と集中が必要だ」などと言うのですが、そんなものは、あなたたちにはわからないでしょうと。

「ムーンショット」というのも、私が考えるようなばらまきの一環であるといいのですが、そのあたりのことはわかりません。

もし私のところにアドバイスを求めてくるようなことがあれば、そのときには、やはり「あまり選ぶな」と言うでしょう。下手《へた》の考え休むに似たり。「どうせ選べないのだろう」などと言ってしまうから、そこが文系官僚のプライドを傷つけてしまうのですが、官僚のなかでも能力の低い人が多い文科省の官僚に、選択と集中などできるわけがありません。

だいたい、研究者は「文科省の役人より俺たちのほうが能力は高い」と思っているのだから、そんな文科官僚が選ぶのかと、みんながそれで腹を立てているような状況だったのです。

研究ファンドの対象は大学関係だけなのですが、大学関係で申請があったら、断らないで出すように言っています。運営は内閣府と文科省の管理のもとで、独立行政法人が行うことになっています。

予算をばらまいた結果が出てくるとすれば、20年後くらいになるでしょうか。

そのときは、もう私は死んでいるでしょうが、研究の成果が表れるまでに20年くらいかかるのは事実ですから、これはしかたありません。

結果が出るまでの20年間は、「ムダだ、ムダだ」と言われるかもしれませんが、そこは研究者も周囲の関係者も頑張ってもらいたいものです。

日本からノーベル賞クラスの研究が生まれることは、今後10年くらいは厳しいように思いますが、20年後に期待しています。

「脱原発」の人々が目を向けない不都合な真実

2021年8月、政府はプラスチックごみの削減や、資源としての再生利用を進めるための名目で、現在、プラスチック製スプーンやストローなどを大量に無料提供している事業者に見直しを義務づける方針を打ち出しました。

これは6月に成立した「プラスチック資源循環促進法」にもとづいたもので、2022年4月には代替品への切り替え、もしくは有料化が実施される見込みだと言います。

私もコンビニでよく買い物をしますから、プラスチック製スプーンは重宝していますが、なければないで、ほかの木の箸などで代用するだけですから構いはしません。

こういった話は当時の小泉進次郎環境大臣が軸になって進めていたのでしょうが、なんともスケールの小さな話です。

環境のことを考えてと言うのですが、小売店に儲けさせたいという気持ちがあるのかどうかもわからないくらいの取るに足らない話だとは思います。

環境のことを一所懸命にやりたいのであれば、とりあえずお父さんを超えてもらいたいものです。

お父さんの小泉純一郎さんは、いま脱原発に勤《いそ》しんでいて、立憲民主党の菅直人さんあたりとフォーラムのようなことまでやっていますが、小泉ジュニアは息子の責任で、まずあれをなんとかしてもらえないでしょうか。

お父さんを超えるのは結構簡単です。お父さんがいま執心している脱原発については、きっと多くの人たちが正しいと思っているでしょう。福島の原発事故が起きてから10年がたって、まだ終息していないのだから、大変なことだと思うのはしかたありません。「危険な原発は二度と使ってはいけない」と思うのが普通の感覚なのかもしれません。

それはそれでしかたないことですが、いまの原子力発電は福島で事故を起こしたそれとはまったく様変わりしています。それを多くの日本人は知りません。

原発と聞いただけで拒否反応を起こして「大事故を起こした不良品」のように考えている人は多いでしょうが、いまの原発はサイズからして、あのような大きなものではありません。英語でSmall Modular Reactorと呼ばれる小型原子力発電が世界の潮流になっているのです。

小型化すると、発熱量が小さくなって、じつは常温で対応できるようになります。

たとえば、私が学生だったころのコンピュータはものすごく巨大で、それを動かすだけで部屋が暑くなるほど熱を発していました。熱くなりすぎると、コンピュータ自体が止まってしまいますから、それを冷やす意味でも、冷房をガンガン入れないとダメな時代でした。

しかし、昔のコンピュータよりはるかに性能がいいいまのスマートフォンは熱くないでしょう。いまのスマートフォンは昔のコンピュータに比べて格段に小さくなったことで、本体の発熱が減り、自然冷却ができるようになったのです。

原発もこれと同じです。事故が起きた福島の原発はビルくらいに大きかったのですが、いまの小型原発は学校の体育館より小さいくらいではないでしょうか。

そうすると、冷却するのも、原発本体の下にプールがあって、そこに沈めているだけで可能になります。そのため、福島のような電気系統の事故の危険性もグンと減っています。

小型原発であれば、万が一事故が起きたときにも大きな被害は出ません。そもそも、熱暴走をすることがありません。

以前の日本の原発は1基の原子炉で１００万キロワットを発電して広く電気を配っていましたが、小型原発の発電量は3万キロワット以下で、これをいくつもつくるようなかたちになります。日本ではまだ実用化されていませんが、世界ではこれが普通になりつつあります。

どの国もCO^{2}の話があって温暖化を意識しなければいけません。これについては「何万年単位で見たときには温暖化ではない」と言う人もいて、はっきり言えば、本当にCO^{2}によって温暖化がもたらされているかどうかよくわからないところもあるのですが、ここ１００年くらいの地球全体の気候を見れば、温暖化の影響が出ていることはたしかです。

世界の流れは脱炭素の方向で動いているわけですから、これに反発することは、政治的な意味においても得策ではありません。

しかし、現状ではどの国も再生エネルギーの比率は、多くても全体の半分程度しかなく、あとの残りは何かといえば、火力と原子力です。

再生エネルギー100％と掛け声をかけたところで、できないものはしょうがありません。火力と原子力なら、火力のほうがCO_2はたくさん出ますから、火力発電に頼るのであれば、CO_2が出ないようにする新たな手段を講じなければなりません。一方の原発は、事故があるかもしれませんが、小さくて自然冷却ができるものにしていけば危険性が減るので、それにしていこうというのが世界の流れです。

核燃料廃棄物の処理については、どこかで考えなければいけない問題ですが、これは研究を進めていくことで、何十年か先にはできるのではないかといったところです。研究を続けないことには核燃料廃棄物の問題を解決することもできませんから、やはり原子力の研究は続けたほうがいいのです。

少なくとも、原発が怖いからどうのこうのと言うのはやめたほうがいいでしょう。

そして、小泉ジュニアも、本気で脱炭素社会を目指すのであれば、こういうことを理論立てて国民に説明し、国民のあいだで「原発は怖い」という感情論が先走っている現状を科学的な視点から変革してもらいたいものです。

お父さんにも、こういった話を伝えて「宗旨替え」させるくらいのことができれば、国会議員としてひと皮剝《む》けることにもなるでしょう。

いずれにしても、「スプーンをどうこう」というのでは、あまりにも小さすぎます。もっとスケールの大きなことをやってもらいたいものです。

小池百合子都知事が演出する「東京オリンピックの借金」

「東京オリンピック・パラリンピックの赤字は将来、若者が負担する」などと言っている人がいるようです。

おそらく、その人は行政のシステムも経済のことも何も知らないのでしょう。

「借金が」などと言う人は、オリンピックの主催者がどこかも知らないのかもしれません。

前にも述べましたが、オリンピックの主催者はＩＯＣです。そのＩＯＣと運営主とのあいだで契約が結ばれて開催されるわけですが、東京オリンピックの運営主は東京都です。

だから、もし赤字が出れば、基本的には東京都がかぶります。

いまのところ3兆円ほどの経費が出ているのですが、これは国が1兆円、東京都が2兆円ということで、すでに負担しています。

このときに赤字がどうのこうのと言う人は、たぶん企業の赤字と勘違いしているのでしょう。政府や東京都の経費というのは、それ自体が赤字などというものとは異なる概念で、これは公共事業への投資と同質のものなのです。

これからさらに膨らむ経費は東京都が負担するかたちになっていますが、いままでの経費がすべて赤字かと言うと、公共事業のようなものですから、必ずしもそれが赤字ということにはなりません。

また、政府が支出した1兆円は毎年度予算に入っていますから、それが将来の負担になることはありません。東京都の2兆円も同様です。

オリンピックを無観客で開催したことで、事後処理もあって、もう少し経費は膨らむでしょうが、では、これが東京都の将来の負担になるかならないか。

先に答えを言ってしまうと、都知事がよほどおかしなことをやらないかぎり、将来の負担になることはありません。

東京都は、ものすごく裕福な自治体です。東京都のバランスシートを見ると、おおよそ35兆円ほどの資産があって、負債は6兆円くらいです。つまり、30兆円弱の純資産があるのです。だから、いままでの2兆円が、まったく見返りのないたんなる支出になったとしても、30兆円くらいの余裕があるので、びくともしません。

どうして東京都の資産がそんなに大きいのかと言うと、それは企業がたくさんあって、これまでに法人税を取りまくってきた結果です。

したがって、オリンピックの経費を赤字と称して、これを誰が負担するかと言うと、これまでに蓄えてきた資産で、すでに負担は終わっているのだと言えます。つまり、将来的に若者が負担することはありえません。

それでも、あえて「都民の負担だ」と言うなら、それは将来の若者ではなく、いままで東京に住んできた都民と、東京に本社を置く企業が納めてきた税金で、すでに払っていることになります。

オリンピックにかぎらず、なんでもちょっと経費が出ると「将来の負担」などと言う人がいますが、いままでまったく負担をしないで赤字を持ち越しているならそうなるかもしれません。しかし、オリンピックに関しては、東京都はこれまでにたくさん税収を吸い上げてきましたから、それで払っているのです。

もちろん、もともとはチケット収入をあてにしていましたから、その分の1000億円くらいは、赤字というか、本来見込んでいた収入が入らなかった損失になることはたしかです。

しかし、東京都の財政状況から見れば、これまでに30兆円弱が余っていて、新型コロナウイルス対策で1兆円くらいは使いましたが、それでもまだ大した話ではありません。

このあたりのことは当初の予算には組み込まれていませんから、のちに補正予算でやることになるでしょう。そのときに、一般的には資産の取り崩しのかたちで対処することになります。もし補正予算を組むときに増税策があったら将来の負担になりますが、おそらくは増税策ではなく、どこかの資産を取り崩すことになると思います。

とにかく、東京都がこれまでに税金を取りすぎていることに違いはなく、そんな地方自治体はほかにありません。これだけ資産があれば、もっと何かに使えばいいと思うのですが、こういうことを私が言うと、「それは言わないで」などと、どこかから声がかかってくるのです。

東京都はいま、財政調整基金といって、じつはこれも資産の一部になるのですが、ここに1兆円を使って大変だなどと言っています。

今回のオリンピックの経費にしても、本来はすべて東京都が負担すべきものですが、「国と交渉します」と、あの緑の人は言うわけです。

そのようなかたちで「将来の負担になるのではないか」と印象づけ、「国とともに負担する」といったかたちに持っていくあたりは、なかなかやり手だなと思います。国から見れば、こんなことはわかっているので、協議もしません。

東京都の資産としては土地などがたっぷりあります。こうした財政については、情報公開がなされているにもかかわらず、それを知らずにしゃべる人が多すぎます。

テレビのコメンテーターも、ユーチューバーも、いろいろなことを言いますが、東京都の財務諸表を見たうえで言っている人は、ひとりとしていないようです。私がここまでに書いているような内容は、公開されている資料を見るだけで、すぐにわかることです。

2006年あたりに、私が総務省で総務大臣の補佐官をしていたころ、当時の石原慎太郎《いしはらしんたろう》都知事がやってきて、「東京都はすごいんだぞ。こんなにちゃんとしたバランスシートや財務諸表があるんだ」と自慢げに話したことがありました。

「そうなんですか」と見てみると、たしかにいい出来で、「じゃあ、この東京都のこれと同じものを全国の自治体でやりましょう」と言うと、石原さんは「ぜひ、やってくれ」と言うから、それで全国の自治体でバランスシートや財務諸表をつくることになりました。

石原さんは、もともと一橋《ひとつばし》大学出身ということもあり、こういった財務諸表などに熱心で、「東京都はこういうものをつくっているけど、国はつくっていないだろう」などとも言っていました。

じつは、その10年ほど前には、私が国のバランスシートをつくっていたのですが、それは石原さんには言わず、「参考になります。ありがとうございます」と言っておきました。そんなことで議論をしても、どちらのプラスにもなりません。

ともかく、国も東京都も各地方自治体も、いまではこのようなバランスシートを作成して公表しているのですから、東京都が税金をたくさん取りすぎて資産を余らせていることは、すぐにわかるのです。

将来の負担ということに話を戻すと、理論的な可能性としては、「収入が見込めないので、いままでの資産をそのまま温存しつつ、増税する」ということはありえます。これまでの緑の人のやり口を見ていると、そういうことを言い出す可能性もゼロではありません。

しかし、財務がわかる人間が見れば、「こんなのは増税などしなくても、この資産を取り崩せば済む話だろう」で終わることです。

政府や自治体が資産を温存しながら増税するケースはよくあります。

みんなが財務諸表を見ていると思っていないから、そういうことを平気でやるのです。そして、実際にマスコミあたりは、これを見ないで財務省や自治体の言いなりになって報じているのだから困ったものです。

ちなみに、各都道府県の財務諸表を見てみると、ほとんどは資産超過の状態にあります。東京ほどに裕福なところはありませんが、みんな資産と負債がほとんど同じで、ものすごい赤字ということはありません。

財政破綻した北海道の夕張《ゆうばり》市みたいなことになると大変なのですが、そこまでひどい財政状況の自治体は、いまのところほとんどありません。「財政が大変だ」などと煽ってみても、バランスシートを見れば、ウソか大げさだとわかります。

実際にある現職の首長さんからは、「髙橋さんがそんなことを言うと、いままで煽っていた話がバレてしまうじゃないですか」と言われたこともありました。

理不尽なレッテルに対する「三つの論破術」

郵政民営化をやっているときは、私も「新自由主義者」とレッテルを貼られ、「郵政を外資に売り渡すのか！」と言われましたが、結果はどうですか？

外資には簡単に売り渡せないように、たとえば株式を5％持ったら報告しなければいけないとか、20％持ったらこう、50％持ったらこうと、世界標準の規制があって、それを郵政民営化の法律にはきちんと入れているのです。だから、売り渡すことは、まず無理なのです。

当時からきちんとそのことは説明しているのですが、批判する側は、みんな道理を無視するような、変なことを言うのです。

たとえば、水道の民営化にしても、本当は水道の民営化ではなく、業務委託をするだけなのですが、これについても、「外資に売り渡す」と言う。業務委託なのだから、売るわけがありません。そういうことができないようにしているのです。

「新自由主義者」というレッテルについては言われている私ですらその定義がわかりません。「どこがですか?」と尋ねると、「おまえは日本を外資に売り渡すようなことばかりやっている」と言うのですが、一度たりとも、そんなことにはなっていません。きちんと防御できるようなしくみをつくっていると言っても、「新自由主義者だ」と言うから、それが何を指して言っているのか、さっぱりわかりません。

相手を批判する際の単純なやり方が三つほどあって、覚えておくと結構役に立ちます。

①相手の言うこととは逆のことだけを言う

何かやったことを評価するときに、それがちょっと遅くなっていたら、「もっと早くやるべきです」と言う。早かったら、「拙速です」と言う。このように、相手がやったことの反対を言うだけで、短時間のディベートならもたせることができます。

②一般的な真理だけを言う

「長期的な視点を持って戦略的に行うべし」と実際にはなんの意味のないことであっても、その言葉に明らかな間違いがなければ、相手は否定しようがありません。

なんの具体的な内容もなく、そんなことばかり言っている人は、テレビのコメンテーターによくいます。彼らは、「反対を言う」ことと、「一般的な真理を言う」ことだけで時間をもたせているとと言ってもいいでしょう。

③レッテル貼りをする

私に対して「新自由主義者だ」と言ったように、何かわけがわからなくても、「あの人は○○です」と決めつけて言うだけです。

このときには定義がないほうがいい。「新自由主義者」にしても、きちんと定義したら、誰がそれに当てはまっていて、誰が違うかが明らかになってしまうので、レッテル貼りをする側の使い勝手が悪くなってしまいます。

ミステリアスで、わけがわからなくて、批判的ニュアンスのあるものがレッテル貼りにはいちばんいいのです。最近、よく使われる言葉だと、「ネトウヨ」などは、その最たるものでしょう。

第6章

「経済オンチ」国家・日本が世界で生き残る方法

——経済学的に読み解く「困った隣人」とのつきあい方

中国から猛烈な抗議が殺到した著書の中身

２０２１年4月に中国国家統計局が発表した第１四半期のＧＤＰは前年比で18・3％増加。これは四半期の公式統計を開始した１９９２年以降で最大の伸び率だったと言います。ＧＤＰの伸び率という意味であれば、これはおおよその実態を表していると言えるでしょう。1万円が10％アップすれば1万１０００円になるわけで、その10％は正しいのかもしれません。しかし、中国のＧＤＰ自体の水準が正しいのかと言えば、それは違います。そもそも中国のＧＤＰは、かさ上げした数字になっているからです。

本来、ＧＤＰの伸びを言うのであれば、「いくらがいくらに伸びた」と言わなければいけないのですが、中国は、その「いくら」という部分がまずウソなのです。伸び率自体は、あまりかさ上げしていないと考えられますが、そもそものＧＤＰはもっと低い水準で、その低いところから伸びているのだろうと思います。

私の研究によれば、２０１０年代ごろに中国が公表していたＧＤＰの数値は実体の2倍程度。国民所得の伸びにいたっては10倍以上に偽装されていました。

そうした研究にもとづいて、２０１６年に『中国ＧＤＰの大嘘《おおうそ》』（講談社《こうだんしゃ》）を出版したのですが、そうすると、中国の関係者から猛烈な抗議を受けました。抗議の際には、「出版をやめろ」と言う、そんな言論封殺が中国という国の常套《じょうとう》手段です。

私が教授を務める嘉悦大学にも抗議が殺到して、しかたなく「検討委員会」をつくり、第三者を入れてその本の内容を精査しました。いろいろ検討した結果、問題点は見つかりませんでした。それはそうです。私は真面目に研究をしているのですから。

その本で書いた内容は、中国の統計システムはどこから持ってきたかということで、じつは旧ソビエト連邦（現ロシア）の統計システムを採用しているのです。だから、中国の統計局は旧ソ連の統計局と組織も手法もほとんど同じになっています。

そこで、旧ソ連の統計がどうだったかを研究すると、ソ連は1991年に崩壊したわけですが、それまでの統計がすべてウソだったことが崩壊後にバレています。それまでにもソ連の統計が正しいかどうかの議論はありました。しかし、国家が存続していたあいだは「正しい」とされてきました。ところが、ソ連が崩壊し、政府内部の人が「これはすべてウソでした」とバラしたことで、その実態がわかったのです。

ソ連のGDPは公表数字の3分の1程度でした。ウソがバレる前は「アメリカと競争をしているソ連の経済はすごい」と言っていて、それをみんなが信じていたのですが、じつはウソだった。ソ連は建国から70年間、統計をごまかしてきたのです。

ソ連を真似た中国のＧＤＰも公表数字の3分の1なのかと言えば、それはわかりません。しかし、私は学者ですから、そのときにどれくらいかと推計したいわけです。

中国の経済統計が信用できない「二つの理由」

では、中国の統計の何が正しいかと探すのは、そもそもみんなウソなのだから大変です。そのなかでも、「これは、たぶん正しいだろう」と見つけた数字が中国の輸入額です。

なぜ、それが正しいのかと言えば、中国はいちおうＷＴＯ（世界貿易機関）に加盟しているので、貿易統計は公表しています。それが正しい数字であれば、世界の中国向け輸出の数字は中国の輸入量とイコールになるはずです。

それで世界の中国向け輸出をすべて足し算すると、中国が発表している中国の輸入額とあまり変わりませんでした。ということは、あくまでも仮説ではありますが、推測として、「中国の輸入量は、たぶん正しいのではないか」と考えられるわけです。

輸入量がわかると、経済理論によってＧＤＰもある程度わかります。なぜかと言うと、ＧＤＰと消費のあいだに関係性があるからです。国内品を買えば消費と言いますが、海外品を買ったときには輸入と呼ぶ。つまり、輸入も消費の一部ですから、輸入の金額とＧＤＰもある程度の関係があるのです。

GDPの概念は所得の総額です。所得の総額の一定割合は「消費する」という理論がありま す。そこで輸入量から消費を推計してみれば、だいたいのGDPがわかるという推論です。

そのような経済理論にもとづいて輸入量からGDPを割り出したところ、実際にどれくらい ごまかしていたのかは、ブレがあるため正確な数字を示すことは難しいのですが、おおよそで 言うと、中国のGDPは発表数字の7～8割程度だろうという計算結果になりました。

このことを書いた本に対して中国系の人たちから大抗議が来たということは、たぶん私が言 うことが正しいのではないかと、私個人としては思っています。

もうひとつ、中国のGDPが信用できない理由があります。

GDPをきちんと計るために中国以外の国でやっていることが失業率の調査です。GDPの 動きと失業率の動きには関係があるのです。

GDPが大きくなれば、景気がよくなって失業率は下がります。これは、経済学では有名な 「オークンの法則」に当てはまるものです。だから、多くの国でGDPが正しいかどうかを見 るときには失業率と併せてチェックします。

しかし、中国では、そもそもしっかりした失業率の統計がなかったので、失業率によるチェ ックができません。仮にウソやごまかしがなかったとしても、失業率の統計を発表していないとなれば、それだけでGDPの発表値はほとんど信じられないわけです。

これが中国の実態です。正直に言えば、私の推論がすべて正しいのかどうかはわかりません。しかし、いろいろな理論を当てはめて研究した結果として、「中国が発表しているGDPは、あまり正しくない」と考えたのです。

「コロナ禍を終息させてひとり勝ち」の困難さ

「これからしばらくのあいだ、いち早くコロナ禍を終息させた中国が世界経済でひとり勝ちする」などと言われていて、たしかにGDPの伸び率に関してはそうでしょう。

しかし、本当に中国のコロナ禍が終息したのかどうかとなると、やはりこれもわかりません。私がこれを疑う理由は中国が発表する患者の統計にあります。

状況を正しく把握するため、統計は原則として、その基準をコロコロ変えてはいけません。変える場合には、「こういうふうに変えました」と明示して、新しい統計の取り方と、それ以前の統計の取り方との二つの数字を出すのが常識です。

しかし、中国の場合は、それまでの統計とはいっさい関係なくコロコロやり方を変えるのです。そのため、本当のところがわかりません。二度、三度とやり方を変えて、変えたときには前のものをすべて消してしまうからです。

このような国だから、中国のことを研究するのは本当に大変です。

何しろ、現在の首相である李克強《りこっきょう》が「中国のGDP統計は人為的であるため、信頼できない」と言うくらいなのです。

ちなみに、この李克強の言葉は内部告発サイト「ウィキリークス」がアメリカの外交公電を公開したなかにあったもので、李克強が首相になる以前の2007年に駐中アメリカ大使と会食した際のものだと言います。

中国がGDPの伸び率でひとり勝ちになりつつあるのは事実ですが、それでも一人あたりのGDPが1万ドルを超えるのは難しいだろうと私は考えています。

一定以上の民主化をしないと、国民一人あたりのGDP、これはだいたい平均給与に相当するわけですが、これが1万ドルを超えないという社会法則があるからです。

1万ドルとは、つまり約100万円です。この社会法則を打ち破った国は、一部の産油国を除いて、人類史上存在しません。共産主義では民主化しないので、共産主義国家は、みんな一人あたりのGDPが1万ドルを超えることなくつぶれていく。これは旧ソ連もそうでした。

中国の統計を信用するかどうかの問題は依然としてありますが、おそらく中国人民の一人あたりのGDPは、ようやく1万ドルになりつつあります。

しかし、共産主義国家の前例と同様に、中国でも人民一人あたりのGDPが1万ドルを超えないのだとすると、これからの10年間、いまのまま成長することはできないという答えが導かれます。民主化していないために、どこかで壁にぶち当たるのではないでしょうか。

中国にとっては今後10年間が正念場になるでしょう。対外的には中国包囲網などが敷かれることになり、国内でも共産主義思想による人民の締めつけがいろいろあるでしょう。これからの中国の内憂外患は、なかなか大変なことになるのだろうと思われます。

かつての香港《ホンコン》並みに民主化すれば、経済的に伸びる余地はあったのでしょうが、逆に香港を中国並みにしてしまいました。そういうときにはGDPが伸びなくなるものです。

そうして経済苦境が起こったときには対外進出の要因が生じてきます。そのときに、もうひとつ社会学の原則として知られているのが、「民主国家は、ほかの民主国家と見なす国家との戦争をしない」というものです。

これは「民主平和論」と言われるもので、18世紀ドイツの哲学者イマニエル・カントらが唱えて以来、さまざまな論証がなされてきました。

これは、逆に言うと、「非民主国家は戦争をする」（正確に言えば、非民主主義国家は戦争する確率が高い）ということにもなります。したがって、中国が民主化しないまま経済発展が行きづまってしまうと、そのときには対外進出の野望が強くなるであろうと考えられるのです。

「民主国家は経済成長する」「民主国家は戦争をしない」という二つの社会科学の原則を当てはめれば、中国の将来が読めるのです。

共産主義国家が絶対に成功できない理由

2021年7月、中国共産党100周年の記念式典において、国家主席である習近平《しゅうきんぺい》は、そのときの挨拶のなかでいろいろなことを言いましたが、これをひと言でまとめれば、「世界は俺のもの」という非常にわかりやすい主張でした。中華思想そのままです。

100周年に際して、日本からも自民党の二階敏博《にかいとしひろ》幹事長（当時）や立憲民主党の枝野代表らが祝意のメッセージを送ったそうですが、恥ずかしいことです。

中国から要請されて送ったのなら、それ自体が問題で、要請を断れないのは、何か脛《すね》に傷があるのではないかと疑ってしまいます。

断れない理由があることが問題で、これはあくまで私の想像ですが、中国に弱みを握られている人はハニートラップの類いにやられたのだろうと思っています。

共産主義が世界を制覇するのかと言われれば、普通の社会科学の法則からして、それはありえません。

1900年代以降、世界中でだいたい110の共産党が立ち上げられましたが、そのうち、現在まで残っているものはものすごく少ない。いまでも共産党がその国の指導的立場にある国は、中国、北朝鮮、キューバ、ラオス、ベトナムのたった五つしかありません。110のうちの五つですから、つまり共産主義国家が成功する確率は5％以下です。そこから見ても、共産主義体制が世界を凌駕《りょうが》するとは、普通は考えられません。

なぜ、共産主義が成功しにくいのかと言えば、一党独裁で自由がないからで、そこが決定的な理由です。共産党が世界を支配するとなれば、全地球の人間の自由がなくなってしまうわけで、なかなかそうはならないだろうと私は考えます。

ただし、共産党を信仰する人が多いのも事実です。日本にも共産党があって、細々《ほそぼそ》とやっています。民主主義国では意見の多様性を認められますから、細々とであれば、その主張を続けることも可能です。ただし、大きな指導政党にはならないでしょう。日本の共産党も、じつは2022年に100周年を迎えます。現存している共産党は世界に50～60くらいで、どれも日本共産党のように細々と活動しています。

共産主義の「共産」とは、その文字のごとく、「共に産み出す」との意味になります。共に産み出すためには、生産手段をみんなで持つことになり、そのため土地や企業を国有にします。

これは資本主義とは正反対の考え方です。資本主義では生産手段を私有して、土地も会社も、個人としての人が持ちます。

「いまの共産主義や社会主義は、それとは違う」と言う人もたまにいて、たしかに歴史的にはそうでなかったこともあるのですが、いまにおいては、そのほとんどが昔と同じだと考えていいでしょう。

生産手段を国有化することと私有化することの違いが、ひとつのポイントです。

共産主義のもとでは、「個人が会社を興す」という概念がありません。個人で会社をつくっても、必ず「そのなかに共産党員を入れろ」というようなかたちになってしまいます。

土地は国がすべて持っていますから、「ここは俺の土地だ」とも言えず、その結果として、私企業であっても、ゆくゆくは国営になります。

その一方で、資本主義と密接な関係にあるのが民主主義です。個人の自由を認めて私有財産を認めるのが資本主義ですから、そこには当然、個人の自由や権利といった話が出てくるわけです。

資本主義が「自由で民主的なシステムだ」と言ったときに、対する共産主義は「不自由」で「非民主的」ということになります。共産主義になれば、自由がありませんから、その国の人たちは政府を批判することもできません。これを引っくり返すには体制崩壊しかありません。

経済から見た「独裁体制」の限界

中国が一党独裁をやり続けるためにも、中国人民が何かちょっと自由の話をしたときには当然、処罰されることになります。

そこで、民衆の不満が盛り上がってくれば、中国もソ連のようにつぶれることになるでしょう。だから、中国共産党はそうならないように、人民に対して厳しい抑圧を続けることになります。

中国企業のアリババも、調子がよくなって、ビジネスを拡大していくには自由が必要ですから、自由についてしゃべったら、それで習近平に睨《にら》まれることになりました。

「儲けすぎてけしからん」と表面的には言いますが、その本音としては、「ここは中国だぞ。余計なことをしゃべるんじゃない」と脅しているわけです。

中国で成功するためには、当局の意向に配慮し、忖度《そんたく》しないと無理なのです。そのため、中国がいくら発展するといっても、アリババのような世界的成功企業が出てくればつぶしてしまうので、発展しようがないのです。

共産主義のトップは権限が集中するので、ものすごく潤うことになります。民主主義でないということは選挙もありません。一度トップになると、ずっと続ける可能性が高いわけで、これは日本の共産党のトップがいつまでも代わらないことを見ても明らかです。そうなれば、当然、権限とお金がたっぷり集まって、そこから腐敗していくのが、よくある共産主義社会のパターンです。習近平も永世皇帝として死ぬまで稼ぎ続ける心積もりなのでしょう。

ソ連の崩壊は、表面的には一瞬のことのように感じたかもしれませんが、実際には崩壊までに70年かかっています。建国以来70年間も民衆をごまかし続けてきたけれども、最終的にはにっちもさっちもいかなくなったというのがソ連崩壊の真相です。

旧東ドイツ（ドイツ民主共和国）と旧西ドイツ（ドイツ連邦共和国）を比べてみて、旧西ドイツの人たちの所得がぐんぐん上がっていきました。一方の旧東ドイツは独裁が続いて、政治的自由がないと企業活動にも自由がなくなりますから、貧乏なままだった。いくらソ連が秘密主義だったと言っても、そういったことはだんだん漏れてきます。

それで、あるとき間違って旧東ドイツが旅券の発給を自由にしたら、人がみんな流れてしまって収拾がつかなくなり、ベルリンの壁が崩壊しました。そして、ソ連もこれに引きずられて崩壊にいたったのです。共産主義の側からすると、ほんの少しの間違いでしたが、そこまでに積もり積もった不満が大きかったため、一気に民主化の波が押し寄せました。もともとソ連はいろいろな国の集まりでしたから、それぞれがバラバラになりたいと言い出したのです。

中国も天安門《てんあんもん》事件のときに崩壊の一歩手前まで行きました。しかし、そこは歴史のあやで、共産党が人民を抑圧し、人民もそれでOKだと思ってしまったことで、いまにいたります。

それでも、これまでの社会科学の常識に当てはめて考えれば、あと50年はもたないだろうとは思います。

共産主義のような自由がない、非民主的なものが長く続くという社会科学の理論はありません。やはり、どこかで自由が欲しいとなって体制がもたなくなるというのが、いまの社会科学の理論です。

香港の抑え込みに成功したと中国は思っているかもしれません。しかし、今後、香港からたくさんの人が出ていって、700万〜800万人いる人口のうち、半分くらいは「もう香港には住めない」と出ていく可能性があります。そうなると、香港の「西側諸国の窓口」としての経済的地位はガクンと下がりますから、中国自体も発展しにくくなるでしょう。

これまでは、香港が世界に開かれて先進的で豊かな生活をしていたのが、そうではなくなったと他国から見てもわかるようになり、こういうことが続けば、中国も危なくなる可能性はあります。

今後、5年程度の短い期間でそういうことになるとは考えにくいのですが、それでも、30年、50年のスパンで見れば、いまの中国のかたちではなくなっているように思います。中国の歴史を見ても、群雄割拠で何度も体制が変わってきました。あれほど大きい国がずっと続くことは普通に考えても難しいのに、おまけに共産主義のパターンなのです。一度崩壊が始まれば収拾がつかなくなるでしょう。

そんな私の考えとは逆に、「中国は大丈夫」「中国が世界の覇権を握る」などと言う人もいます。少々のあいだであれば、それも大丈夫だろうとは思いますが、長い歴史を見れば、やはり自由と民主主義が必要なのです。

日本でも、国営企業はうまくいかないから、どんどん民営化してきた歴史があるのです。民営化というと、すぐに反対する人間も多いのですが、やはりその人たちは共産主義が好きなのでしょうか。

民営化反対を唱える人が、中国に対してどんな見解を持っているか。調べてみれば、おもしろい共通性が見つかるかもしれません。

文在寅政権末期の韓国は放置でいい

文在寅《ムンジェイン》大統領の任期が残り少なくなるにつれて、韓国経済が危ないと噂されるようになりました。

その理由としてよく言われるのは、中国への依存度の高さです。西側諸国では中国依存からの脱却の話になっているなかで、韓国にとっては、いまが正念場でしょう。

これで、もし韓国経済が破綻してデフォルト（債務不履行）すれば、どうなるか。

1997年代あたりからの、いわゆる「IMF危機」のときには、実際に破綻寸前の危機に陥っていて、そのことはひとつの参考例になると思います。

仮に韓国がデフォルトしたとして、そのときに日本に何か影響があるのかと言えば、ほとんどありません。IMF危機のときにも経済難民のようなものはありませんでした。

日本と韓国が地続きだったら、いろいろな心配をしなければなりませんが、さすがに海を泳いでくる人や、ボートピープルみたいな人はなかなかいませんから、そういう意味では、あまり心配することはありません。

では、実際のところ、韓国経済の状況はどうなのか。やはり問題は中国への依存度が高い点です。西側諸国が中国関連のものを切り捨て始めれば、韓国もその煽りを食うことになります。

東京オリンピックの際、韓国は日本に対し、「話し合いをしよう」としきりに持ちかけてきましたが、その裏側には、経済がうまくいかないことがあるのだろうと思います。

いま以上に中国寄りにシフトしようとしても、中国がすべてというわけでもないので、それも難しい。やはり現状の韓国経済は西側諸国の一環に組み込まれていますから、アメリカやヨーロッパのことも気にしないわけにはいきません。

しかし、いままで中国とかなり深いつきあいをしてきたのに、西側の顔色をうかがって、そこを切るというのも大変なことです。

一時期はサムスングループがかなりの勢いでしたが、韓国内の政局でいじめられ、勢いを失ってきました。

文在寅政権による最低賃金の引き上げの影響もなくはないでしょうが、やはり韓国経済自体の中国依存の影響がいちばん大きい。もし中国の市場を失ってしまえば、中国にたくさん輸出をしているサムスンは、さらに大変になります。

韓国側から文在寅大統領を日本に送ってなんとかしようというサインがたくさん出されていますが、日本は対応しませんし、実際問題として、日本にできることがあるのかと言えば、はっきり言って、ありません。

日本との関係を正常化したいと言うなら、慰安婦合意や徴用工問題など、まずあちらがきちんとすべきことがあるのですが、それをしないのは、韓国自体がまだそこまでは追い込まれていないのだと見ることもできます。

韓国としては、まだ余裕のあるうちに、あまり頭を下げないでなんとかしたいと思っているのかもしれません。これが本当に追い込まれてくれれば、「背に腹は代えられない」と、いろいろやってくるだろうとは思います。

しかし、東京オリンピックの際に、福島産野菜などに文句をつけて日本政府を貶《おとし》めようとするくらいだから、まだ元気があるのでしょう。本当に元気がなくなれば、そんなことも言っていられないはずです。

それでも、だんだん元気がなくなってきているように見えますから、２０２２年5月に任期満了となる文在寅政権も、最後の最後には結構悲惨なことになるようにも思います。それもすべて自業自得でしょう。日本としては何もすることはできません。

慰安婦と徴用工の話で向こうが頭を下げればいいのですが、それがないかぎり、日本としては経済問題と合わせて考えて、本当に助けなければいけなくなるギリギリまで放置しておくのではないでしょうか。韓国と深くつきあったところでプラスにはなりません。私としては放置して経済的に苦境になるまで待つことが最善手だと思います。

外交は「性悪説」で考えるべし

これまで韓国経済は、つねに外資を入れてきたので、外資が逃げていくと大変なことになります。ＩＭＦ危機のときもそうでした。

そのために、日本と通貨スワップを結んだりしていたのですが、韓国としては、また日本と通貨スワップを結ぶなどして、それをいざというときのための備えにしたいのでしょう。そういうことも日本はわかっているから放置しているのです。

韓国の経済危機を日本が助けることのメリットは、残念ながらありません。日本企業が人質に取られることになってはいけないので、その点には気をつけるといったレベルでしょう。まあ、企業も本当に危なくなる前に、みずから引き上げてくるでしょうから、そうすると、政府がやることは少ないように思います。

それにしても、韓国の人というのは、日本に来たときくらいはしおらしくすればまだイメージ悪化も避けられるものを、オリンピックのときに「ブーケが福島産だから受け取らない」とか、「福島に来た韓国の放送局がオリンピックそっちのけで放射線量を測っていた」との話もありました。

彼らがそのような考え方をするのは、「すべて日本が悪かった」とする歴史教育の問題もありますが、結局のところは、それが彼らの人間性なのでしょう。日本のやることが、どうしても気に食わないのです。

日本人は、どうも性善説に立ってものごとを考えがちですが、韓国にかぎらず、国際社会と対するときには性悪説に立って考えるほうがいい。

何ごとにおいても、「韓国の人とは永遠に仲よくできない」との前提で考えるようにすれば、何かトラブルが起きた際にも、それなりに対応できるのだから、そうしたほうがいい。性悪説に立って、そういうものだと考えれば、あまり腹も立ちません。

個人としては善良な人も多いと思いますが、国家として集団になったときの彼らの活動は、やはりおかしいのではないでしょうか。

国としての統一性がなければ、どの国でもたいていは許容範囲なのですが、韓国や中国は集団になって来るので困りものです。そのような姿勢で国際社会に出ていくことを続ければ、いずれ他国との摩擦が顕著になってくるでしょう。日本としては、そうなるまで待って、いまの段階ではあまりおつきあいしないほうがいいのだろうと思います。

歴代大統領が失脚する国とは交渉ができない

2021年8月には、韓国地裁がいわゆる徴用工問題に関連して、三菱《みつびし》重工の債権差し押さえ命令を出しました。その後、9月には解除されたとはいえ、本当に困った国です。

日韓の諸条約を考えれば、韓国政府がやるべきことは、三菱重工の問題にかぎらず、戦後処理に関する問題のすべてを肩代わりする以外にありえません。これをしない時点で、韓国政府は国際法や日韓の諸協定に違反していることになります。「そんなことをしていて本当に大丈夫なんですか」といった感じです。

三菱重工の件にしても、裁判所が差し押さえの命令を出すのは結構ですから、それを韓国政府が肩代わりすれば済む話です。原告は8500万円なりのお金がもらえればいいのでしょうから、本来はそれで終わりなのです。

彼らの言うところの司法の独立を守るのだとすれば、そういったやり方があるわけです。しかし、「日本を懲らしめたいから」との考えが一般国民だけでなく政府にもあるために、それをやらない。人気の低迷が続く文在寅大統領からすると、支持率を再浮上させるための反日の手段がこれしかなくなっているのかもしれません。そうなると、いまさら肩代わりの話もできず、任期満了まで、ずっと反日姿勢で突っ張っていくことになりそうです。

そうして大統領を辞めたあとには、歴代大統領の多くがそうであるように、文在寅さんも塀のなかの行き着くところに行っている確率が高いように思います。

大統領が辞めたあとに塀のなかに行くことがあたりまえのようになっていると、他国は今後、韓国大統領と交渉しようと思わなくなるでしょう。普通の国の政府は継続的だから、相手が辞めたあとも交渉を続けられますが、韓国の場合、何か約束をしても、この大統領が辞めれば、すべて引っくり返ってしまうのでは交渉の意味がありません。

普通は、もう少し政府や行政の人は独立していて、前任の大統領が辞めたあとでも影響力がそこそこあると思うから、おつきあいもできるのです。

政治を離れた個人の関係ということで言っても、ブタ箱に行くような人とは、なかなかつきあえないでしょう。

アメリカからも韓国は放っておかれているのではないでしょうか。実際、バイデン大統領も放置状態です。どうせあと少しでブタ箱に行く人とまともな交渉など無理だから、世界各国が、早く時が過ぎて任期満了となるのを待っているのでしょう。

新しい大統領が誕生しても大きく変わらないかもしれませんが、就任してすぐは5年の任期のうちの2、3年もつような話ならできるでしょうから、またちょっとは違ってきます。

徴用工や慰安婦の件がはっきりしないうちは日韓の基本協定に反しているのだから、日本としては何もできません。基本協定に反しているのでは、そのほかのいろいろな話も難しくなってきます。

文在寅大統領は日韓関係の基本中の基本を崩したわけで、たとえ日韓議連が何かを言ったところで、基本が壊れていたのでは、どうにもやりようがありません。

日韓請求権協定というものがあって、そこを守ることは国交の大前提です。差し押さえというのは、それを守らないと言っているのと同じことで、日本としては「なんで基本どおりに肩代わりをしないの?」でおしまいの話なのです。

これを守らずに通貨スワップだのと言われても、無理な相談です。日本としては何も相手にしないということで、文在寅大統領が東京オリンピックに来ると言っても完全無視でした。さすがに一国の大統領を日本に呼びつけて「肩代わりしろ」と命じるわけにもいきませんから、現状では無視せざるをえないのです。

中国にしても、普通であれば、こんな韓国の態度には呆《あき》れているのだろうと思います。しかし、いまの韓国がアメリカからも日本からも疎外されれば、取り込みやすいと思っているかもしれません。そうすれば、日米韓の関係を切り崩すことができて、中国としては半島でやりたい放題ができると思っているのではないでしょうか。

そうやって、もし韓国が中国側についたとして、大変になるのは、日本ではなく韓国のほうでしょう。韓国がどうなったところで、もともと根っこのところが反日なのですから、日本的にはあまり変わりはしません。

安全保障上は防衛ラインが38度線ではなく対馬《つしま》が最前線になりますから、その点では脅威になるでしょうが、そこは国際関係ではなく防衛上の問題です。

ただし、このように予測したところで、韓国はつねに揺れ動きますから、大統領が代われば、またどうなるのかわからない。

文在寅大統領が交代するまでは、「韓国について多少なりとも前向きなことを考えるのは時間のムダ」というのが正解なのかもしれません。

領土問題はお金で解決すればいい⁉

竹島《たけしま》は国際法に照らせば日本の領土です。ただし、韓国によって実効支配されています。実効支配とは、その近くに行けば撃ち殺されてしまうかもしれないということです。それを覚悟で取り返しに行けば、戦争になるかもしれません。

実効支配されているのは、ほかに北方領土もあって、これは日本国民としては非常に悔しい現実です。

そうなったときに、どうすれば領土を取り返すことができるのか。

いちばん勇ましいのは戦争をしかけるパターンで、これも可能性としてありうることです。とはいえ、戦争をしかけることはすごく大変で、相手によほど非合理な理由がないことにはできません。フォークランド諸島でアルゼンチンが急に島を占領したようなことであれば、イギリスは軍を動かすこともできるでしょう。しかし、そういうことがないかぎりは難しい。

しかも、フォークランド諸島がアルゼンチンに占領された状態をずっと放置していたら、

「アルゼンチンの実効支配」と見なされ、イギリスは戦争をしかけることができなくなります。それが国際社会の現実です。

竹島と北方領土は実効支配をされてからもう何十年もたってしまいました。そうなったときの戦略として、いきなりしかけていくのは難しい。

それでも、ずっと数十年も耐え忍んでいれば、長い期間のうちには、ときどき相手国が日和《ひよ》るというか、国家がガタガタになるときがあります。

北方領土奪還のいちばんのチャンスだったのはソ連の崩壊でした。モスクワがドタバタしているところにスッと行ってしまえばよかったのです。行くためには名目が必要ですが、日本人の漁民が拿捕《だほ》されたから、それを助けに行くなどの理由をつけてやってしまうのです。

あるいは、お金で買い取るというやり方もあったでしょう。平和時にやる場合には、相手が苦しい状態のところをお金で解決する。ロシアは国境がすごく多いので国境紛争をたくさん抱えていて、そのなかでは、お金で解決したり話し合いで決着したりすることも結構あります。

かつてはアラスカだってアメリカに売ってしまったわけです。だから、日本もお金で解決するのがいちばん無難なのですが、いまのこの時代になるとなかなかそれも難しい。

竹島もずーっと見ていて、あるときに韓国がガタガタになって、手薄になったときにこっそり取り返すことを考えざるをえません。「手薄」というのは、反撃が来ないだろうというくらいに韓国が弱っている状態のことです。反撃が来たら、もう戦争ですから、そこは避けなければいけません。

日本に自衛隊がなかったときのように、長いあいだには、どの国にもそういう時期がきっとありますから、その隙を年中うかがいながらチャンスを待つ。

それを尖閣《せんかく》諸島でやろうとしているのが中国です。中国は軍備を増強させながら、あるときに有無を言わさずやってくるつもりでしょう。いまの時点で日本と中国がやり合えば、アメリカが出てくる可能性もあるのでおいそれとはやってきませんが、アメリカ軍がいなくなって、日本が弱体化すれば、そのときには、すぐにやってきます。国際社会とは、そういうものなのです。

「防衛費はGDPの1％」では中国に対抗できない

そんな中国に対抗するには、日米同盟を強くすることと、日本独自では海上保安庁と海上自衛隊の装備を増強して、中国の海洋警察や海軍の装備と同等以上にしておくことが重要です。

相手が戦備を増やせば、日本も無条件で増やして均衡を保たなければなりません。不均衡になれば、相手が軍事行動をやりたくなります。竹島も日本が反撃できないとわかっているから奪われたわけで、軍備の均衡はそれだけ重要なことなのです。

そのためには、防衛費をGDPの1％などと区切っていてはダメで、そこは目をつぶって、中国と同じように上げていく必要があります。

10年以上前は日本の装備が中国よりちょっと上でしたが、あっという間に中国が増強していって、いまはまったく物量的には敵《かな》わないくらいのレベルになっています。

よく、「尖閣周辺海域に中国船が何日潜入」などと言いますが、これも今後はどんどん増やしてくるはずです。いま、局所的にドンパチが起きても、向こうは負けると思っていません。

そう考えると、アメリカ領だった沖縄が日本に帰ってきたのは、幸運というか、話し合いで返還されるなど、世界史にも類を見ない異例のことでした。だから、当時の佐藤栄作《さとうえいさく》総理はノーベル平和賞を受賞したのです。

沖縄返還に関しては、日本人が住んでいたことが大きかったのでしょう。そのため、アメリカによる実効支配があまりなされなかったのです。

だから、「基地は置いたままでいい」と言われれば、アメリカとしても、「じゃあ、基地さえあれば、それでいいや」となったのでしょう。

人民元は永久に基軸通貨にはなれない

「これからは中国が天下を取るんだ！」としゃべっているような人が、テレビのコメンテーターなどによくいます。

「これまでの勢いのまま発展して2028年あたりには世界トップに立つ」と言うのですが、私の予測では、そうなったときには一人あたりのGDPが1万ドルを超えるので、これまでの歴史上で初めての例になります。そうなると、これまで培われてきた社会法則をすべて見直さなければなりません。

中国を称賛している人たちに、どんな科学的理論があるのか、私にはわかりません。少なくともこれまでの理論や、現状の中国経済の実態を分析したときに、「中国が世界制覇をする」どころか、「いまの体制が何十年ももつわけがない」という答えしか私には見えません。私の知らない科学的理論があるのなら、ぜひともご教示願いたいものです。

まあ、実際のところは、「いままでの勢いがすごかったから、中国はこのまま伸びる」と単純にそう思っている人がほとんどなのでしょう。テレビのコメンテーターも半分近くはそのような考えだと思われます。

そうやって中国を称賛する人たちは、中国に行かないことには仕事にならないから、何度も行くことになります。

そうすると、私も中国に行ったときにはハニートラップにかかりそうになったことがありますが、みんな同じような経験がありながら黙っているだけではないか、ハニートラップにかかって中国のことを称賛しなければいけないのではないか、というのが私の「仮説」です。

以前も、ある番組で、「これからは中国の人民元が世界制覇をするのではないか」と言っている人がいました。もちろん、中国自体が世界制覇をしようと考えているのだから、世界制覇をすれば、中国の人民元も自動的に世界の基軸通貨になります。

だから、「人民元が基軸通貨になる」と言っている人は、その裏側に「中国が世界制覇をする」との考えがあるわけです。

中国はCIPSという人民元の国際銀行間決済システムをつくり始めているのですが、これを「すばらしい」とほめる人もいます。CIPSを2015年あたりからつくっているのは事実です。西側諸国では1973年に発足したSWIFT（国際銀行間通信協会）という国際銀行間決済システムがあって、中国は何においてもそうなのですが、すべて西側に対抗してつくるわけです。

SWIFTと比べれば、CIPSはシステムも規模も取るに足らないものですが、それでも、これが「すごい」と言う人はいます。

国際銀行間決済システムとは、たとえば日本国内の決済であれば、中央銀行である日銀が中心になってすべてをやっています。しかし、世界を束ねる中央銀行はありませんから、いろいろな国々が連携して、西側諸国はSWIFTを使って国際決済をしています。それに対抗するために、中国はCIPSをつくったのです。

しかし、よくよく考えてみれば、2015年につくったシステムなど大したものであるはずがないでしょう。西側諸国が中国包囲網を築こうというときに、CIPSを使おうという国もかぎられます。

しかも、CIPSを主導するのは中国の中央銀行なので、これを利用したときには西側のデータがすべて中国共産党に筒抜けになってしまいます。その点を考えても、これを西側諸国が利用することは、まずありえません。そんなレベルの話です。

しかし、テレビでは、これをあたかもすごいシステムであるかのように解説する人がいるのです。ごく最近にできたもので、なおかつ中国政府が主導するものを、西側諸国が喜んで使うはずはないのです。これを使っていたら、アメリカの制裁対象になってしまうかもしれません。

そんなことは、ちゃんと考えればすぐにわかることで、それなのにCIPSを喧伝《けんでん》する人は、完全に中国の紐《ひも》つきなのか、あるいはまったくものごとが見えない人かのどちらかです。

中国が主導したＡＩＩＢ（アジアインフラ投資銀行）にしても、その発足当初には「日本もこれに参加しなければ、バスに乗り遅れる」などと言っている人がいましたが、結局のところ大したことにはなっていません。

いまもアフリカなどで相手国の様子を見ながら細々《ほそぼそ》とやっていますが、その程度のものです。モンテネグロでお金を返せなくなったら港を取り上げるなどということがあって、そういう中国のやり口に、みんなが気づき始めました。

こういうものがメジャーになることは、まずありません。ＡＩＩＢの設立当初に、私は「こんなものは消費者金融の国際版とでもいうようなあこぎなものだ」と言っていたのですが、現状ではそのとおりになっています。

中国称賛にかぎったことではなく、テレビで何かしらをほめ称えているような人のほとんどが、裏に思惑があってそう言っているのだと考えたほうがいいでしょう。

その言葉には科学的データにもとづくエビデンスがあるのか否か。そこを見定めないことには、騙されるばかりの人生になってしまうかもしれないのです。

（了）

「経済《けいざい》オンチ」が日本《にっぽん》を破壊《はかい》する！

間違《まちが》いだらけの「ド文系《ぶんけい》」経済政策《けいざいせいさく》

2021年11月30日　第1刷発行

著　者　髙橋洋一《たかはしよういち》

ブックデザイン　長久雅行

構　成　早川 満

発行人　畑 祐介

発行所　株式会社 清談社Publico

〒160-0021

東京都新宿区歌舞伎町2-46-8 新宿日章ビル4F

TEL：03-6302-1740　FAX：03-6892-1417

印刷所　中央精版印刷株式会社

ISBN 978-4-909979-24-7 C0036

http://seidansha.com/publico
Twitter @seidansha_p
Facebook http://www.facebook.com/seidansha.publico

清談社
Publico